La crianza rebelde

Ana Acosta Rodríguez

© Ana Acosta Rodríguez, 1ª Edición 2019.
© Ana Acosta Rodríguez, 2ª Edición mayo, 2020

Todo el contenido de esta obra está registrado en Safe Creative bajo el código 1909091874660 y en el Registro de la Propiedad Intelectual. Reservados todos los derechos. Prohibida su reproducción total o parcial, incorporación a un sistema informático, transmisión en cualquier forma o por cualquier medio (electrónico, mecánico, fotocopia, grabación u otros) sin autorización previa y por escrito de la autora titular del copyright. La infracción de dichos derechos puede constituir un delito contra la propiedad intelectual (Art. 270 y siguientes del Código Penal).

ISBN: 9781697412055
Sello: Independently published
Impreso en Polonia

Diseño, maquetación y cubierta: Mónica Rebollo (Lluvia de Love)
Fotografía de cubierta: Monika Marchewka
Edición y Corrección: Eliana Molina Drocco

Asesoramiento Profesional y Supervisión de Contenidos:
Psicóloga Perinatal Ximena V. Valdivia Murillo
Gestando. Salud Mental Perinatal. Uruguay:
Psicóloga Perinatal Ana Aguirre
Dra. Psiq. Ped. Inés Acosta
Psicóloga Perinatal Yeni Lacerda

Aportes y Sugerencias:
Raquel Bayari Bayari
G'Lady Perez
Astrid Weil

Copyright (c) 2004–2011, David J. Perry, with Reserved Font Name Cardo. This Font Software is licensed under the SIL Open Font License, Version 1.1. This license is copied below, and is also available with a FAQ at: http://scripts.sil.org/OFL

A mis gurús,
Max y Amy Felicitas, por devolverme la humanidad y señalarme el camino.

A mi marido,
por ser sensei, socio, espejo, brújula y ancla.

A mis padres, hermanos, suegros y abuelos,
por su amor, templanza y presencia.

A mis amigas y amigos de Argentina, España y México,
por ser guías y reflejo.

A mi tribu virtual de mamás,
por el apoyo y la confianza.

A Dios, la energía universal y creadora que mora en mí,
por el privilegio de vivir y dar vida.

"Mi rol de mamá es estar disponible sin invadir, estar presente sin asumir, es amarte libre sin buscar absolutamente nada a cambio".

Ana Acosta Rodríguez

ÍNDICE

Prólogo 13

Introducción 17

1. El punto de partida de una disciplina empática, respetuosa y consciente 21
   El verdadero problema de los niños pequeños 21
   Confianza y vínculos de conexión 25
   Cuando la sobreprotección desconecta 30
   El poder de las palabras 32
   El amor incondicional 36

2. Lo que tu hijo necesita, lo que tú necesitas 41
   Necesidades humanas: su relación con la disciplina respetuosa y los desajustes emocionales 41
   La parte olvidada del binomio madre/hijo 48
   Negociando necesidades 55

3. Estallidos emocionales y berrinches 59
   Berrinches y rabietas: aspectos generales 59
   Aspectos psicológicos de los estallidos emocionales: desarrollo psicológico (cognitivo, emocional y social) 68

4. Emociones y regulación emocional 75
   Emociones 75
   Emociones primarias y secundarias 78
   Regulación emocional 79

5. Neurociencia y estallidos emocionales: el desarrollo cerebral del preescolar 89
    El cerebro triuno de MacLean 89
    Berrinches voluntarios versus estallidos emocionales involuntarios 96
    Sanar la herida del hermano mayor 101

6. Disciplina y disciplina punitiva 105
    La herencia del caos 105
    ¿Qué es disciplina?: volviendo a los orígenes 109

7. La disciplina C.E.R. 113
    Lineamientos y bases de la disciplina C.E.R. 113
    Los cuatro pilares de la disciplina C.E.R. 116

8. Dimensiones de la disciplina C.E.R. 119
    "C" de consciencia (atención plena): siendo el adulto que necesitaste de niño(a) 119
    "E" de empatía 134
    "R" de respeto 139

9. Componentes de la disciplina C.E.R. 145
    Límites 145
    Consecuencias 150
    Comunicación C.E.R.: el tercer componente 159

10. Técnicas de comunicación y abordaje C.E.R. de los estallidos emocionales 167
    Técnica S.E.D.A. (señalar, explicar, describir, agradecer) 167

Disco rayado 168
Estrategias para prevenir estallidos emocionales 170
Pasos a seguir para gestionar estallidos emocionales................ 178
Qué no debemos hacer durante una explosión emocional.......... 183
Premios y refuerzos positivos 185

11. Estrategias para gestionar desajustes emocionales en nosotros mismos 189
Tiempo fuera de los padres 189
Gestión del enfado en cuatro pasos para padres.................... 190
Anclaje emocional.. 191

12. Consejos y sugerencias desde mi experiencia personal con mi hijo mayor 193
Tú tienes el poder... 193
Tu cerebro está cansado 194

13. Cuando los bebés pegan 197
¿Por qué pegan los niños pequeños?..................................... 198
Técnicas y sugerencias para ayudar a tu hijo a no golpear: dieciocho a treinta y seis meses 199
Cuando otros niños hieren a tu hijo: cómo reaccionar de manera positiva.. 205

14. Crianza y pareja 209
El amor y la familia en "tiempos líquidos"............................. 209
De amantes a "socios" 211
¿Hundirse con el barco o saltar a tiempo?............................ 212
Algunas sugerencias 213

15. Sanar la herida materna y paterna 217
    Perdonar a nuestros padres: paso indispensable para una crianza consciente 217
    Técnica: te regalo una flor 220
    Criar y disciplinar con respeto no es fácil 221

Notas finales 223
    Embajadoras del modelo C.E.R. 227

Nota sobre la autora 229

Referencias bibliográficas 231

PRÓLOGO

En una sociedad donde todo gira alrededor de la producción, el poder y el dinero, encontrar personas que ponen el foco en la crianza respetuosa es una mezcla de alivio y esperanza. Recordemos que el mayor tesoro de esta humanidad, de la que todos formamos parte, es la infancia.

Ana Acosta, la autora de este libro, no solo practica este tipo de crianza; se ha formado y ha ayudado a muchas madres que no se sienten identificadas con la educación tradicional, que en muchos casos, ha cercenado su sensación de valía y autoestima.

En un mundo que tiende hacia un modelo individualista y competitivo, padres y madres como Ana son mis verdaderos héroes: crían poniendo las necesidades de sus hijos por delante de las prisas, respetando sus ritmos, contra corriente, con métodos que desencajan alguna que otra mandíbula y provocan desazón alrededor, en personas cuyos padres no pudieron o no quisieron cuestionar las costumbres del momento (herencia psicoemocional que les impide a ellos mismos hacerlo).

A pesar de todo, siguen adelante porque el "premio" para sus hijos será convertirse en adultos que presentarán los atributos propios de las personas realmente felices (sin olvidar la lección de vida y el aprendizaje que supone para los progenitores embarcarse en la aventura de criar con respeto, empatía y consciencia).

Desde que conocí a Ana por sus escritos sobre maternidad e infancia, entendí que alguien con una comprensión tan profunda de la crianza, debía de ser un alma necesaria en el mundo, una mujer que merece ser leída por madres y padres que sienten que su forma de guiar y acompañar a sus hijos no encaja con la aprendida en sus familias.

Ya hace años que los trabajos de la doctora Claude Imbert como terapeuta, dejaron al descubierto la necesidad del bebé uterino de ser amado y respetado. Según ella, la opinión que la criatura se forma de sí misma se crea en base a lo que piensan y comentan de ella quienes le rodean. Yo misma he sentido una profunda conexión con mis hijos, tanto con el primero, cuyo embarazo no llegó a término, como con los dos siguientes. Esa experiencia me hizo entender que gestaba seres absolutamente conscientes de lo que ocurría a su alrededor y con una necesidad de amor, ya patente. Esta conexión se puede establecer con el bebé durante el embarazo, a través de la atención, el pensamiento, la intuición y los sueños (que aportan información muy valiosa). Es ahí cuando comienza el vínculo entre él y quienes pertenecen a su entorno. Si durante esos primeros nueve meses ya siente la necesidad de ser cuidado y amado, ésta no es menor cuando llega a nuestros brazos. Por eso considero la información de este libro como la continuación de esa conexión: acompañemos a nuestros hijos en la aventura de vivir. Ellos necesitan a sus padres para percibir el mundo, no como un lugar hostil, sino como un espacio donde desarrollarse de forma sana y consciente.

Siempre me pareció importante estar abiertos a la profunda comunicación que se puede establecer con el bebé en el útero y este libro sobre crianza consciente, no hace más que continuar con esa labor ofreciendo valiosos ejemplos y herramientas a quienes desean tener descendencia con plena consciencia de lo que ello supone. La aportación de Ana a quienes deseen cambiar antiguos paradigmas, me parece extraordinaria.

Estoy segura de que la única forma de sanar esta enferma sociedad en la que vivimos, pasa por cambiar la manera de gestar y cuidar a nuestros niños.

MÓNICA REBOLLO (LLUVIA DE LOVE)
Autora del libro *Conexiones de amor*

INTRODUCCIÓN

Lo sé, yo he estado ahí y aún lo estoy. Esos días en los que contamos los minutos para que llegue la hora de ir a la cama porque estamos seguras de que nuestro cerebro no puede soportar una queja o un llanto más. Esos momentos en los que nos sentimos las peores madres del mundo, en los que la paciencia se agota y a pesar de haber probado mil opciones para calmar a nuestros hijos, nada parece funcionar y solo queremos salir corriendo o sentarnos a llorar a la par de ellos.

Sin embargo, somos capaces de salir adelante, de sobreponernos; porque en el fondo sabemos que la primera infancia es una etapa importantísima y que las criaturas no son culpables de ser y actuar como lo que son: niños.

Por esto es que se torna imprescindible analizar y estar atentos sobre cuáles son las actitudes, palabras, creencias, acciones y estrategias concretas que utilizamos para criar a nuestros peques, como así también desde qué lugar estamos conectando con ellos. Ajustando y cambiando el rumbo, de ser necesario para hacerlo desde el respeto, la compasión, la atención plena y el amor incondicional.

Al fin y al cabo lo que (casi) todos los padres queremos para nuestros hijos, sin importar la cultura, la raza, la religión, el estatus socioeconómico o el estilo de crianza es que sean FELICES y buenas personas. Para lograrlo la manera en la que los criemos y disciplinemos será factor clave para alcanzar estos objetivos, influyendo en el tipo de apego y el subsecuente desarrollo psicoemocional, incluyendo la autoestima, la autoeficacia, la empatía y la resiliencia: atributos y recursos psicológicos muy desarrollados en las personas felices.

Recuerda que en este hermoso pero agotador camino de la crianza respetuosa y consciente, no solamente nuestros hijos están creciendo: nosotros como padres crecemos a la par de ellos, al romper paradigmas que traemos arraigados, abriendo y sanando heridas del pasado, confrontando nuestras sombras, nuestras debilidades y limitaciones a la hora de ser figuras de apego y de referencia. Emocionándonos infinitamente con cada progreso y cada logro que ellos alcanzan y aprendiendo a amar sin límites.

Todo este esfuerzo y dedicación valen la pena, que no es tan 'pena' si somos capaces de reconocer y tener presente a diario lo afortunados que somos de poder ser los guías de una criatura tan maravillosa, única e irrepetible.

Si elegiste este libro es porque tienes la inquietud de profundizar en los motivos del llanto, pataletas o berrinches de tus hijos; de entender qué hay detrás de esos "llamados de atención". Los bebés y niños pequeños no planifican su llanto ni lo premeditan para hacernos sentir mal o herirnos porque simplemente su cerebro no está lo suficientemente desarrollado para actuar de esa manera. No es que no quieren, no podrían aunque quisieran.

Lo que sucede es que aún no han aprendido a expresar de otra manera sus miedos, sus pesares, sus necesidades primarias y secundarias y por eso lo hacen de la única forma que saben que obtendrán atención. Un niño pequeño no es un manipulador o un diablillo, es un ser humano recién llegado a un mundo complicado e hiperestimulante. La criatura necesita ser comprendida, validada y contenida: de esa forma aprende a regularse y gestionar sus emociones para que, en un futuro, esas llamadas de atención sean expresadas de otra manera.

Si minimizamos, negamos sentimientos, reprimimos, etiquetamos, amenazamos, castigamos o ignoramos, le estamos enseñando al niño que sus necesidades no cuentan, no importan y que, si quiere atención, deberá ir al extremo para obtenerla. Le enseñamos que solo tendrá amor y atención si hace lo que le decimos que haga y que no vale por lo que es sino por como actúa. Lo triste es que quizás esta forma negativa de llamar la atención perdure en la vida adulta, en las relaciones interpersonales o se traduzca en comportamientos de autosabotaje.

Podemos guiar a nuestros hijos y enseñarles a gestionarse de manera positiva y respetuosa pero, claro, esto implica mucho compromiso y paciencia. El primer paso es liberar de toda culpa al niño reconociendo que, en su pequeñez e inmadurez, recién está empezando a conectarse con sus emociones mientras su cerebro se desarrolla muy gradualmente para que pueda regularlas: necesita tiempo, paciencia y amor. Acompañar en lugar de controlar y validar en lugar de negar o minimizar son aspectos claves. El segundo paso es sanar nuestras heridas emocionales de la infancia: todos arrastramos algunas y es necesario procesarlas para cortar ciclos dañinos. El tercer paso es perdonarnos y aceptarnos imperfectos sin quedarnos atados en la culpa, porque más allá de mamá y papá somos humanos, nos equivocamos y meteremos la pata muchísimas veces en nuestro rol.

La crianza debe rebelarse ante modelos disciplinarios enfocados en los adultos para centrarse en los niños. Si disciplinamos teniendo en cuenta el desarrollo de la inteligencia emocional de nuestros hijos, les estaremos regalando bienestar a ellos y paz a la humanidad. Debemos tener en cuenta que disciplina con respeto no significa que nuestros hijos harán lo que ellos quieran y cuando quieran: los límites y las normas de convivencia son indispensables para garantizar la integridad física, psicológica y emocional de las criaturas, como así también una adecuada integración social.

Este libro fue gestado a partir de todo lo que he aprendido al asesorar a más de mil mamás en su crianza, por lo que en estas páginas te verás reflejada y te sentirás acompañada. También aprenderás estrategias para abordar el posible impacto negativo que puede acarrear la llegada de los hijos en la relación de pareja, como así también rencores o asperezas en la relación que mantienes con tus propios padres. Espero que en estas páginas encuentres algunas de las respuestas que estás buscando y que sientas mi abrazo a la distancia.

¡Bienvenid@ a la comunidad mundial C.E.R.! Gracias por tu compromiso y feliz crianza.

El punto de partida de una disciplina empática, respetuosa y consciente

El verdadero problema de los niños pequeños.

Voy a comenzar diciéndote algo que probablemente no te guste pero que no me puedo callar: a la hora de los conflictos en el seno del hogar los problemáticos no son los niños, somos los padres y la sociedad infantofóbica. El gran problema de criar preescolares no es lo que la criatura hace, sino cómo reaccionamos los adultos. La crianza consciente requiere un cambio interno, un autoconocimiento profundo que necesita ser trabajado a diario para poder aprender o reaprender a regular nuestras emociones y desenvolvernos en el mundo desde la atención plena, dejando de lado los juicios, o mejor dicho, evitando que cuando estos surjan en el plano de la consciencia tomen las riendas de nuestras emociones y comportamientos.

¿Por qué te digo esto? Los niños actúan de la única manera que su desarrollo y maduración neurológica y psicológica les permite. Tus hijos, que hace tan solo un par de años ni siquiera estaban en este mundo, están empezando a comprender ahora qué es esto que los adultos llamamos "emociones", las cuales aún no regulan como uno espera porque no han tenido ni el tiempo cronológico ni las experiencias suficientes para aprender a hacerlo. Recién se están dando cuenta de que son seres distintos de mamá y con esto se mezcla un sentimiento de autonomía anárquica con la ansiedad de no sentirse más bebés dependientes de su figura de apego por excelencia. Nosotros, los padres, ya hemos deambulado la tierra varias décadas y, aunque seguimos cargando nuestros microtraumas, tenemos el cerebro lo suficientemente maduro como para poder frenar impulsos y controlar nuestras reacciones. Deberíamos tener las capacidades desarrolladas como para poder ponernos en el lugar de nuestros hijos, tan pequeños, tan indefensos, tan puros.

Lamentablemente, en la vida moderna no se le da la suficiente importancia a prepararnos psicológicamente para ser madres y padres. Durante el embarazo tendemos a enfocarnos en arreglar el cuarto, la ropita del bebe, quizas alguna clase de gimnasia pre-parto pero, en términos generales, prepararnos para este cambio radical en la vida y en las rutinas queda al margen. Muchas llegamos a la maternidad subestimando el nivel de compromiso y tiempo que requiere un bebé, por lo que luego la realidad nos pega en la cara y todas esas expectativas de 'madre perfecta' que nos impone social y culturalmente el rol se derrumban llenándonos de culpa, miedos e incertidumbres. De todos modos, esto no justifica que respondamos gritando o castigando a nuestros hijos haciéndolos responsables y depositarios de nuestras frustraciones pobremente gestionadas.

Por eso, cuando sientas que estás apunto de perder el control y que inevitablemente comenzarás a gritar, te pido que por un minuto pares y mires para abajo. Detente a observar la pequeñez de tu hijo, lo indefenso que se ve desde arriba, observa sus cachetes aún redondos por la grasita de bebé, sus pequeñas manitas, esos ojos gigantes que derraman lágrimas reales. Toda la rabia que sientes comenzará a disiparse porque podrás proyectarte en él, porque tu corazón te dirá lo que tu cerebro primitivo te niega: es una criatura que está desbordada, que está genuinamente sufriendo y que no tiene ni la más remota idea de cómo controlarse; no te olvides de respirar lento y profundo.

Criar y disciplinar con respeto es como edificar una casa, necesitamos cimientos fuertes y sólidos; una base segura desde donde seguir construyendo. Esos cimientos somos nosotros: los padres, madres y educadores que debemos, a su vez, ocuparnos de trabajar en nuestras propias falencias en cuanto a regulación emocional antes de enfocarnos en intentar modificar las de nuestros hijos. Criar y disciplinar con respeto, más que parte de un estilo parental, es un acto revolucionario en sí mismo. Como tal, sólo puede ser llevado a cabo por personas valientes, pero a la vez lo suficientemente humildes como para trabajar en su ego y en su individualismo como obstáculo para ser genuinamente compasivos.

El cambio real empieza en el seno del hogar, a través de los lazos y la forma en la que nos comunicamos y nos relacionamos con nuestros seres queridos. La crianza consciente es nuestra manera de cambiar el mundo ya que garantiza futuras generaciones capaces de tener bajo control sus emociones e impulsos, de comunicarse de manera respetuosa evitando y erradicando la violencia; especialmente la ejercida hacia aquellos más vulnerables. Seres que no tengan que lidiar con mochilas de la infancia cargadas de ira, odio y rencor, que seguirá siendo transmitido de generación en generación.

Llegar a ser este tipo de padres requiere grandes ajustes y un profundo trabajo interno desde lo cognitivo, lo conductual, lo emocional e incluso, lo transpersonal. La tarea principal es aprender a "desaprender" todos aquellos comentarios, reacciones y actitudes que venimos arrastrando y que nos han sido socialmente impuestos: de esto depende poder cortar ciclos de violencia o negligencia; cada pequeño ciclo que cortas en tu crianza es como un granito de arena y cada granito de arena es un poco de esperanza para este mundo. Cada niño y niña criado con respeto será un abusador menos, un acosador menos, un ser humano con baja autoestima menos, un criminal menos: será un embajador de la paz. Observa cuánto poder de cambio y cuánta responsabilidad tiene rebelarnos no solo a la crianza autoritaria adultocéntrica sino a la construcción social idealizada de la maternidad. El cambio es posible, no es fácil, pero es posible y, gracias a Dios, hasta inevitable.

Confianza y vínculos de conexión

"Los niños necesitan una conexión profunda con sus padres o no podrán sentirse totalmente seguros y su cerebro no funcionará correctamente para regular sus emociones o seguir las instrucciones"- Dra. Laura Markham.

¿Qué queremos lograr con la educación de nuestros hijos? ¿Queremos que hagan lo que les pedimos "sin chistar" o queremos que, con el tiempo, logren autorregularse sin necesidad de continua supervisión? ¿Queremos conectar con ellos y crear una relación de seguridad y confianza o simplemente queremos dirigir su vida desde una actitud de superioridad según nuestros propios intereses? ¿Queremos que nuestros hijos sigan las normas familiares porque nos aman, nos respetan y saben que todo lo hacemos por su bien o queremos que nos hagan caso porque nos tienen miedo? ¿Queremos conectar con nuestros hijos o queremos gobernarlos? Si lo que pretendemos es disciplinar desde la atención plena, la empatía y el respeto, debemos enfocarnos en generar vínculos de conexión con ellos. Criar un hijo no es sinónimo de controlar y mandar.

Para hacerlo, necesitamos estar abiertos y pendientes de sus necesidades, siguiendo su ritmo biológico, adaptando nuestro calendario al de ellos, aceptando y entendiendo que su ciclo de sueño los primeros años es muy diferente al de un adulto, lo cual es normal. Si los bebés que recién llegan a este mundo no necesitaran ser cargados continuamente, nacerían sabiendo caminar como los caballos. La naturaleza es sabia, sin embargo, eso nos toma todo un año, o incluso más. Nacimos para ser abrazados y cargados; de esta manera nos sentimos seguros y amados. Esto no es capricho, es naturaleza. Esa necesidad de proteger a tu bebé cuando es un recién nacido, esa sensación que aflora de mamá leona y que no puedes controlar, la ansiedad que te provoca que manos extrañas lo toquen... no es una locura tuya es parte del instinto de cuidado de la cría que nos ha permitido sobrevivir como especie.

La conexión entre padres e hijos se va gestando desde el nacimiento y presenta un periodo crítico entre los seis y los veinticuatro meses de edad, momento en el cual se establece un determinado tipo de apego entre el bebé y su cuidador principal, según la conocida teoría del apego de Bowlby (Payne y Brooks, 2019). El apego se refiere al impulso humano que nos empuja a generar lazos afectivos con determinadas personas en particular. Según Ainsworth y sus colaboradores, los patrones de apego pueden ser: seguro, inseguro evitativo o inseguro ambivalente (Otero-Mendoza, Cogollo y Fernández-Daza, 2017). Mary Main, por su parte, estableció un cuarto patrón al que llamó "desorganizado" (Galán Rodríguez, 2016). El estilo de apego va a influir en la autonomía y la independencia de los niños como así también en la comunicación y la confianza que estos establezcan con sus cuidadores principales y sus pares (Otero-Mendoza, Cogollo y Fernández- Daza, 2017). Un apego seguro lo forjan padres y cuidadores que responden continuamente a las necesidades de sus criaturas a nivel fisiológico, afectivo y emocional, existiendo gran cantidad de evidencia científica que postula a este tipo de apego como el mejor predictor de desarrollo saludable

(Kimelman, 2019). En este libro no voy a profundizar sobre esta teoría, pero quiero destacar que el vínculo de apego es solo el principio del tipo de relación y de la conexión que estableces con tus hijos, la cual debe seguir siendo alimentada y fortalecida diariamente mientras ellos crecen.

Dicho esto, es importante mencionar que criar a los hijos priorizando el vínculo de conexión y sus necesidades significa que nos tomamos en serio la responsabilidad que implica educar seres humanos. Significa que vamos a asumir el compromiso que hicimos cuando decidimos traerlos al mundo, comprendiendo que los padres no solo debemos procurarles seguridad física y económica sino también seguridad psicológica y emocional.

Tus hijos necesitan conectar contigo, sentirse seguros y amados, necesitan que les prestes genuina atención y buscarán la manera de obtenerla de manera positiva o negativa, de ahí la importancia de estar atentos, conscientes y presentes. Cuando llamen tu atención negativamente se producirá un círculo vicioso; seguro que la obtendrán, pero la retroalimentación será probablemente también negativa porque estaremos frustrados y enojados a la par de ellos. Entonces: no se trata de tironear y empujar al niño para que reaccione, se trata de acompañar. Ellos serán "chiquitos" solo una vez y es durante la infancia que buscarán conectar con sus padres, buscarán atención, aceptación. Es necesario, es vital, es cuestión de supervivencia.

Si estás sentado a su lado con tu móvil respondiendo a sus preguntas con monosílabos o directamente ignorándolos yo te aseguro que tratarán de traer tu atención de vuelta al presente; no te necesitan "más tarde" ni "mañana", es ahora.

Cuando son pequeños, el momento presente es lo único que conocen y si tú "estás", pero en realidad solo está tu cuerpo, será imposible que se genere un vínculo de conexión contigo y así se sentirán inseguros e ignorados. Este lazo basado en la atención y la confianza que generas con ellos y también el respeto por sus emociones son algunos de los motivos por los cuales los niños aceptan y cooperan con las reglas, normas, opiniones y consejos. A base de amor y tolerancia estos padres se han ganado la confianza de sus hijos; motor por excelencia de la cooperación.

¿Cómo puedes evitar que busquen llamar tu atención y conectar de manera negativa? Esto podemos lograrlo estando atentos a sus necesidades, hablando mucho con ellos, mirándolos a los ojos, validando siempre sus emociones y sentimientos aunque parezca que están exagerando (recuerda: no lo están). Jugando juntos, haciéndoles preguntas sobre su día, sus amigos, sus intereses. Contándoles sobre nuestro trabajo o actividades, pidiéndoles su opinión, cantando juntos, contestando sus preguntas con honestidad, abrazándolos y besándolos mucho, reconociendo y agradeciendo su colaboración en casa o sus conductas altruistas. Podemos pasarnos todo el día juntos, pegados, pero eso solo sería compartir el espacio físico, lo cual no implica compartir tiempo de calidad. Regalar genuina presencia es dejarlo todo un momento para estar en cuerpo y mente compartiendo con nuestros hijos. No se trata de jugar todo el día con ellos porque también somos humanos, nos cansamos y tenemos otras actividades, pero cuando decimos "sí" es vital hacerlo con plena atención, involucrándose de verdad.

Como padres, siempre tenemos un 'pero', una crítica, una palabra, una corrección. A menudo interrumpimos a nuestros hijos, no los dejamos hablar. Si en lugar de esto, intentáramos dialogar sobre lo que les gusta, les atemoriza, les molesta o les interesa, mediante una escucha activa, sin juzgarlos y evitando responder en su nombre, estaremos criando niños y niñas que crecerán con la certeza de que tienen una voz que merece ser escuchada; estaremos nutriendo vínculos de conexión a través de la aceptación, el respeto, la tolerancia y el amor.

Recuerdo un periodo en el que mi hijo Max, que tenía tres años en aquel momento, comenzó a actuar agresivamente. Cada vez que me sentaba a dar pecho a su hermanita venía y se nos tiraba encima, medio en broma medio en juego o cuando la cargaba hacía algo para llamar mi atención de manera negativa como ponerse a tirar objetos a las ventanas o gritar muy fuerte. Algo estaba mal. Me di cuenta de que había un problema de conexión, o más bien de desconexión. Luego de hablarlo con mi marido y darle forma a la situación decidí comenzar a tener citas a solas con mi niño en las que le dedicaría un tiempo y un espacio sin interrupciones y lleno de mimos y atención. Esas citas fueron la manera en la que reconectamos. No debían ser salidas a lugares excepcionales ni debíamos pasar toda la tarde juntos. Un par de horas, una vez por semana yendo al parque o a la playa a tomar un helado fueron suficientes. Para él lo importante era que yo estaba presente, mirándolo y contestándole cuando me decía algo.

Mientras más atención plena les demos a los niños y mientras más necesidades anticipemos, menores serán los episodios de estallidos emocionales y menos serán las veces que ellos, con sus limitadas estrategias, deberán recurrir a las llamadas de atención. Esto no quiere decir que tu casa se transformará en un monasterio budista zen; habrá episodios de conflictos porque son normales y necesarios para el desarrollo de la autorregulación; son fuente de aprendizaje. Es importante que los niños conozcan y experimenten la frustración (es parte de la vida), y poco a poco, con tu ayuda, aprendan a canalizarla, pero la cantidad e intensidad de los episodios se reducirá de manera significativa.

Cuando la sobreprotección desconecta

"No puedes enseñarle a tus hijos a comportarse mejor haciéndolos sentir peor. Cuando los niños se sienten mejor, se comportan mejor".- Pam Leo.

Es evidente que, durante los primeros años de vida es necesario que los padres seamos guías de nuestros hijos, mediante indicaciones claras y concisas, sobre todo, ante situaciones de riesgo inminente. Pero dejando esas excepciones de lado, quiero preguntarte: ¿es necesario que lo controles continuamente y límites sus movimientos y su derecho a explorar?, ¿es realmente necesario y vital que tu hijo solo use las botas de lluvia los días que llueve?, ¿lo es que tenga que usar solo la ropa que combina?, ¿o que no se ensucie con barro?, ¿cómo te sentirías si continuamente tu madre o tu pareja te dijeran que "no" a todo lo que quisieras hacer, ver, tocar?

El excesivo control no solo es negativo para la conexión, sino que limita demasiado a los infantes y ellos son curiosos por naturaleza, son pequeños exploradores, aprenden desde la prueba y el error, desde lo táctil, desde el movimiento y cada rincón, cada objeto es una oportunidad de descubrimiento y aprendizaje: "no subas, no saltes, no corras, no grites, no toques". Ellos quieren tocar y probar todo, especialmente lo que no parece un juguete y, a veces, esto genera conflictos con papá y mamá con el consecuente abuso del monosílabo de cabecera: NO: "no trepes, no te pongas eso en la boca, no agarres ese vaso, no salgas que te vas a enfermar". Tenemos un grave problema, el miedo nos paraliza y no confiamos en el criterio de nuestros hijos ni en la naturaleza. Por supuesto que, como adultos responsables, debemos supervisar y estar presentes para que no se lastimen, pero eso no implica impedirles todo. Entonces, para no transformarnos en sargentos, hay que darles la posibilidad de explorar y limitar las negativas a aquellos acontecimientos que verdaderamente impliquen riesgo o sean muy incómodos o injustos para con otras personas, porque durante la primera infancia probando cosas nuevas crearán sus mapas mentales más nutridos. Por ejemplo: ¿has visto alguna vez a un bebé con un juego de piezas de encastre? Al principio intentará pasar el círculo por el espacio del cuadrado y, cuando esto no funcione, buscará opciones, aprenderá de su error. Si le decimos continuamente "está mal", o lo corregimos poniendo el círculo en el espacio que corresponde estamos matando una oportunidad única de aprender. Los padres nos transformamos en los grandes *spoilers* de la vida de nuestros hijos, la mayoría de las veces sin ser conscientes de que lo estamos haciendo porque son comportamientos muy enraizados.

Una gran oportunidad de trabajar en el vínculo de conexión y al mismo tiempo limitar los "no" es involucrarlos en nuestras tareas. Ellos quieren hacer cosas con nosotros. ¿No te ha pasado que tu niña pequeña quiere ayudarte a arreglar algo cuando te ve con las herramientas o quiere ponerse a dibujar cuando tú escribes o que, si te estás maquillando, ella también quiere hacerlo? No es que sea una pesada, una dependiente o que no te deje hacer nada: es que te necesita y quiere estar contigo, conectar, descubrir, aprender porque tu eres su ídola. Entonces, si lavan los platos juntas quizás tu tarea se demore un poco más, pero harás a tu hija feliz y te aseguro que cuando sea adolescente no estara atrás tuyo pidiéndote hacer actividades juntas todo el tiempo. Vive el presente, aprovecha, crea, conecta, *carpe diem*. Además, el no continuo es generador de conflictos los cuales muchas veces escalan y, a fin de cuentas, quizás si aceptabas esa ayuda hubieras terminado antes con tu tarea. A esto yo también le llamo "economía doméstica emocional".

El poder de las palabras

"Eleva tus palabras, no la voz. Es la lluvia la que hace crecer las flores, no los truenos".- Rumi.

Dicen que hablarle a las plantas con amor las hace crecer fuertes y sanas. Imagina entonces el poder que tienen las palabras que usas con tus hijos. Tu plantita necesita agua, el agua son tus palabras. Si son agrias, ácidas o están podridas tu hijo crecerá, pero no al máximo de su potencial. Su tallo será débil, sus hojas estarán quemadas y probablemente no dé los mejores frutos; desarrollará muchas limitaciones que lo perseguirán por el resto de su vida. Las palabras hieren y marcan en lo más profundo por eso hay que elegirlas con cuidado y sabiduría.

"Qué burra, qué tonta, qué llorón". La mayoría de las veces no nos damos cuenta de que usamos estas palabras y lo hacemos más de lo que imaginamos. Aunque parezcan inofensivas y se digan sin la intención de lastimar, calan hondo en el subconsciente de los pequeños, quedándose allí trabadas y persiguiéndonos hasta la adultez. "Qué miedoso, qué maricón, qué mandona". Es importante que tomemos conciencia de algo: el niño no es tonto, quizás ha hecho una tontería. No hagamos hincapié en la persona, hagámoslo en la acción. La niña no es "llorona", está aprendiendo a regular sus emociones.

Las criaturas se portan como lo que son: personas pequeñas descubriendo el mundo, explorando, y es en esa exploración que a veces cruzan límites, no con intención de ofuscarnos, sino porque están siendo guiados por ese espíritu curioso, inherente a la primera infancia. Castigarlos, etiquetarlos o hablarles con sarcasmo (que, por cierto, no comprenden) por querer ir más allá solo limitará su desarrollo cognitivo y socio-emocional o afectivo. Así como es vital no subir el tono de voz, igual de importante es dejar de etiquetarlos o humillarlos de palabra porque, como reza el dicho: "miente, miente que algo quedará"... y lo que quedará serán adultos rotos que aún piensan que son mandones en lugar de tener espíritu de liderazgo, o que son "tontos" en lugar de arriesgados o curiosos, o que son "cobardes" en lugar de precavidos. Para cada palabra hiriente hay un sinónimo positivo. Los adolescentes inseguros, el *bullying* y el vacío existencial por el que muchos jóvenes atraviesan no son solamente atribuibles a internet o a las pantallas: la mayor parte de la culpa la tenemos quienes los criamos y quienes los educan en las instituciones; hagámonos cargo y dejemos de buscar culpables.

Somos los padres quienes debemos cuidar y proteger a nuestros hijos y, a la vez, formarlos para vivir en sociedad a través de normas y valores (Linares, 2012). Aquí es donde la disciplina se transforma en necesaria para garantizar una adaptación social saludable. En suma: la disciplina sin amor es maltrato y la falta de disciplina es desamor (Sáenz-Lozada et al., 2014).

Sin embargo no somos seres superiores 'elevados', somos seres humanos y a veces hacemos o decimos cosas sin pensar antes de hablar porque las tenemos incorporadas en nuestros discursos desde la infancia. La práctica de la atención plena nos ayudará a darnos cuenta si estamos a punto de usar una palabra agresiva o si estamos llegando al límite en el que las palabras respetuosas se transforman en monólogos de gritos. De todos modos, si en algún momento explotamos, debemos pedir disculpas a nuestro hijo y corregir lo dicho. Siempre pedir disculpas y enmendar "no eres tonto, te dije eso porque YO estaba enojada y YO perdí el control, te pido una disculpa". Aunque tu hijo tenga meses, pídele disculpas.

Por el contrario, las palabras de amor nunca están de más. Con esto no me refiero a mentirles con respecto a su desempeño o habilidades, porque puede ser contraproducente, pero sí decirles cada día este mantra: *te amo tal y como eres, no necesitas hacer nada especial para que te ame, siempre te amaré, siempre te amaré, siempre te amaré.* Sobre todo si el lenguaje de amor predominante de nuestro hijo es el de las palabras. Nunca temas malcriar a tu bebé por hacerlo sentir amado continuamente porque **una familia amorosa genera la atmósfera necesaria para que los niños crezcan con la seguridad y la confianza de que merecen ser amados.** El amor nunca malcría: un vínculo de conexión deficiente e ignorar a tu hijo sí lo hace.

Los gritos y las discusiones consumen energía y terminamos llenos de culpas, miedos y sin ganas de nada. No conozco ni una sola persona que disfrute gritarle a los hijos, pero sí conozco muchas que disfrutan de los beneficios de mantener la calma. No debemos olvidar que los niños siguen nuestro ejemplo más que nuestros consejos así que, si nos pasamos el día diciéndoles que bajen la voz pero ante un conflicto o una situación que no nos agrada comenzamos a gritar o insultar, probablemente ellos hagan lo mismo. Recuerda: aunque estén callados, escuchan y absorben todo.

El amor incondicional

"En el mejor de los mundos posibles, los padres y cuidadores aman a sus hijos, incondicionalmente, aceptándolos con todas sus imperfecciones, defectos, peculiaridades y desafíos, porque el verdadero amor no tiene que ganarse por mérito; es entregado libremente por aquellos que tienen la capacidad de amar". - Marcia Sirota.

Para la mayoría de madres y padres es muy fácil sentir y expresar amor por sus hijos cuando estos hacen lo que les dicen que hagan o cuando "se portan bien", pero es muy difícil y todo un desafío comunicar este amor filial cuando las criaturas se muestran malhumoradas, enojonas, cansadas, o tristes. El reconocido psicólogo y autor Carl Rogers sugirió hace muchos años que amar a nuestros hijos no era suficiente; debíamos hacerlo incondicionalmente y esto lo lograríamos amándolos por quienes son en realidad y no por lo que hacen (o por quienes queremos que sean).

Los padres tenemos que evitar poner condiciones a nuestro amor "te amaré solo si me haces caso", "te amaré si sacas buenas calificaciones". No es necesario que digamos estas frases, muchas veces nuestras actitudes, nuestros gestos, nuestro lenguaje no verbal dicen más que las palabras y en esos momentos hay que tener especial cuidado. Es muy importante enfatizar que nuestro amor NO requiere condiciones, que los amamos tal cual son y aun cuando estamos enojados con ellos o cuando hacen algo equivocado. Para esto debemos ser capaces de separar el comportamiento de la persona; hacer algo mal no significa ser malo, todos nos equivocamos. Si los niños crecen con la idea de que solo los amaremos cuando hacen lo que les decimos terminarán por desarrollar resentimiento hacia nosotros o, peor aún, creceran sintiéndose rechazados e incluso podrían involucrarse en relaciones abusivas en las que "te pego porque te quiero".

"Si mi hijo cree que si hace algo malo igual lo querré entonces hará muchas cosas malas", este pensamiento es muy común, pero sucede todo lo contrario. Cuando amamos a nuestros hijos por quienes son en realidad, sin poner condiciones, los estamos ayudando a aceptarse a sí mismos como seres humanos nobles pero imperfectos aun en aquellos momentos en los que "meten la pata", por lo que solo con la satisfacción de esta necesidad de saberse amados y considerados buenas personas podrán aceptar a otras de la misma manera. El saberse humano y comprender que, como tal, la experiencia existencial es imperfecta nos quita un gran peso de encima.

En definitiva, el amor incondicional a los hijos es, en pocas palabras, lo que tu hijo o hija necesita para florecer (Kohn, 2005). Además, al sentirse amados en su imperfección para ellos será mucho más fácil admitir sus errores y animarse a hablar con nosotros cuando sean adolescentes. Tendrán la seguridad de que sus comportamientos, aunque no sean los más adecuados, no repercutirán en la cantidad de amor que por ellos sintamos y con este vínculo de confianza, podremos estar más atentos y ayudarlos a no cometer tantos errores innecesarios o a ahorrarse algunas penas.

Es común que los niños pregunten si los amamos o si los amaríamos si hicieran esto o aquello. Hay que aprender a disociar: es válido decir "estoy enojada contigo pero te sigo amando de la misma manera y siempre te voy a amar". De este modo dejamos claro que no estamos de acuerdo con el comportamiento pero, a la vez, reafirmamos que somos su lugar seguro, sus aliados y que pueden confiar en nosotros porque no importa qué tanto puedan equivocarse, eso no influirá en el amor que les tenemos. Esto es muy importante para prevenir todo tipo de abuso o acoso infantil porque muchas veces la criatura siente culpa aun siendo víctima.

En base a lo escrito anteriormente, te invito a completar la siguiente tabla durante una semana, reflexionando sobre cómo y bajo qué circunstancias le manifiestas amor a tus hijos (lo expresas naturalmente en forma cotidiana, solo como "recompensa" a algún comportamiento determinado, por satisfacción personal basada en sus logros escolares, deportivos, comportamentales). Cuando finalice la semana, repasa la tabla y toma consciencia de lo que has escrito.

DÍA DE LA SEMANA	¿HOY LE DIJE A MI HIJO QUE LO AMABA?		¿EN QUÉ CIRCUNSTANCIA?
LUNES	SÍ	NO	
MARTES	SÍ	NO	
MIÉRCOLES	SÍ	NO	
JUEVES	SÍ	NO	
VIERNES	SÍ	NO	
SÁBADO	SÍ	NO	
DOMINGO	SÍ	NO	

Lo que tu hijo necesita, lo que tú necesitas

Necesidades humanas: su relación con la disciplina respetuosa y los desajustes emocionales

"No siempre podemos asumir que, debido a que somos más maduros, necesariamente tenemos más información sobre nuestros hijos que lo que ellos tienen en sí mismos" - Thomas Gordon.

Según Leontiev (1983), las actividades mediante las cuales los seres humanos buscamos satisfacer nuestras necesidades y establecer relaciones sociales constituyen la base para el desarrollo psíquico de la personalidad.

Todos, a lo largo de nuestra vida, tenemos necesidades que deben satisfacerse para poder sobrevivir y desarrollarnos en plenitud. Los niños no quedan exentos. Estas se originan por estados de carencia y dirigen nuestro comportamiento, es decir, cuando hay algo esencial que nos está faltando haremos lo que sea para obtenerlo. Los padres y cuidadores debemos ocuparnos de identificar y cubrir las necesidades de nuestros hijos porque ellos no pueden hacerlo por sí mismos cuando son muy pequeños. También es fundamental propiciar el ambiente adecuado para que puedan satisfacerlas de manera autónoma a medida que van creciendo.

En este sentido, y según el conocido psicólogo humanista estadounidense Abraham Maslow, las necesidades humanas se ordenan de manera jerárquica y sólo cuando se satisfacen las básicas, las que se encuentran en peldaños superiores podrán captar nuestra atención. Por ejemplo, si tengo mucha hambre no podré concentrarme en estudiar hasta que no coma, o si tengo mucho sueño no voy a ver la serie que tanto me divierte hasta que no duerma un poco.

La pirámide de Maslow está formada por cinco niveles:

- **Necesidades primarias o fisiológicas:** alimento, agua, abrigo, descanso, etc. Los niños muy pequeños necesitan que un adulto esté atento y pendiente para cubrir estas necesidades hasta que sean cada vez más autónomos, puedan expresarlas de manera verbal o satisfacerlas por sus propios medios. Aún así, podemos decir que seguirán dependiendo de sus cuidadores durante toda la infancia en mayor o menor medida. Es muy importante aprender a leer los ritmos biológicos de nuestros hijos y estar atentos a sus señales para procurar un acompañamiento natural y dirigido por la criatura. Por ejemplo, cuando se trata del hambre

es fundamental no forzar a los niños a comer cuando nosotros asumimos que están hambrientos, sino cuando ellos lo manifiestan y bajo ningún tipo de circunstancia obligarlos a hacerlo.
- **Necesidades secundarias o de seguridad:** protección, orden y estabilidad. En la primera infancia los niños dependen absolutamente de sus padres o figuras de apego para poder trascender este nivel de carencias. Serán sus padres quienes deberán ofrecerles seguridad física, emocional y material.
- **Necesidades sociales:** afecto, amistad y sentido de pertenencia. Aunque algunos creen que los preescolares, paradójicamente, necesitan asistir a la escuela para socializar, esta afirmación no es correcta. En los primeros años de vida, las relaciones sociales más importantes se dan en el seno de la familia; aun sin ir a la escuela los infantes pueden nutrirse y aprender a relacionarse con sus pares, con personas de diferentes edades y comenzar a desarrollar un sentido de pertenencia. También pueden socializar de manera extraescolar con primos, hijos de amigos de sus padres, organizando citas de juego o yendo al parque. Los adultos serán mediadores durante esta etapa procurando y guiando que las interacciones sean respetuosas y libres de violencia, pero sin invadir espacios ni dirigir el juego, estando presentes pero no persistentes. También, cuando el niño es muy pequeño y aún no domina el lenguaje su mamá/papá o cuidador pueden acompañarlo y presentarlo con otros niños diciendo por ejemplo su nombre, su edad

y qué juguetes le gustan para luego retirarse a otro sector del lugar dejando que los niños interactúen solos sin entrometerse ni respondiendo por su hijo.

- **Necesidades de estima:** autoestima, prestigio, estatus. Vamos a hablar solo de la autoestima. En la primera infancia los padres son muy importantes para que los niños puedan cubrir estas demandas. Por medio del respeto, de la disciplina humanizada, la validación de las emociones de los hijos y del amor incondicional se estarán formando las bases para que esta necesidad no quede vulnerada.
- **Necesidades de autorrealización:** autosatisfacción, independencia, autonomía. La autorrealización no se alcanza en la infancia porque requiere tiempo, propósitos, experiencias y maduración, pero sí pueden propiciarse actividades y actitudes para ir preparando a los niños para el futuro. Hay tener presente que la llegada de "los terribles dos años" implica el inicio y la búsqueda de independencia y autonomía lo cual ocasiona numerosos conflictos y pataletas. Para ayudar a nuestros hijos a transitar este peldaño de la pirámide es esencial dejarlos decidir por sí mismos en aquellas situaciones que no sean peligrosas. Por ejemplo, en la elección de la vestimenta. Tienes que aprender a confiar en que tus hijos pueden hacer muchas más cosas de las que piensas y evitar poner reglas constantemente, fomentando que se planteen objetivos acorde a su edad. Por otra parte, un vínculo de apego seguro entre bebé-cuidadora/o ha sido relacionado con

desarrollo de adultos independientes, autónomos y seguros de sí mismos, por lo que apostar por la crianza respetuosa y niñocéntrica es un factor clave para favorecer la atención a este tipo de necesidades.

¿Qué tienen que ver las necesidades con la disciplina respetuosa? Mucho. Su falta de cobertura en los niños se verá reflejada en el comportamiento. Por ejemplo: si tu bebé no ha tomado su siesta por una actividad extra, probablemente esté más irritable, llore más y muestre menos interés en jugar. Al identificarlas, cubrirlas y, en algunos casos, anticiparlas, estaremos previniendo gran parte de los conflictos y desajustes emocionales.

Sin embargo, en muchísimas ocasiones, lo que subyace a los estallidos emocionales no se relaciona con necesidades básicas. Tiene que ver con una necesidad no cubierta de sentirse amado, respetado, aceptado y contenido a nivel emocional. Generalmente, este tipo de enfado parece irracional; un enojo que para los padres no tiene fundamento y los confunde porque no logran entender qué es lo que su hija o hijo está reclamando. Por cuestiones como la descrita, me gustaría agregar un conjunto más de necesidades desarrolladas por Marshall Rosenberg (2003). Son las de "Interdependencia", que incluyen: aceptación, agradecimiento, amor, apoyo, comprensión, comunidad, confianza, consideración, contribución al enriquecimiento de la vida, empatía, honestidad, proximidad, respeto, seguridad y seguridad emocional. Creo que indagar este grupo de necesidades, muchas veces ignoradas o minimizadas, nos ahorraría muchísimos episodios de conflictos y malos ratos. "El bebé llora porque seguro tiene hambre o sueño", esto como mamás lo escuchamos mucho de los *"opinólogos"*, pero muy pocas veces escuchamos "la bebé llora porque necesita que su mamá la cargue y le haga mimos".

Ante un conflicto, llanto, queja, o cuando el niño esté tratando de llamar nuestra atención de manera negativa, antes de tomar alguna medida disciplinaria detengámonos a preguntarnos: **¿Qué necesidades no están siendo cubiertas en mi hijo?** Esa es la pregunta número uno y el eje principal en el cual enfocarnos para evitarle a la criatura situaciones estresantes continuamente; ya bastantes frustraciones tiene por no poder gestionar sus emociones.

Analicémoslo con un ejemplo: "Mi hijo me está tirando del pelo mientras estoy sentada a su lado mirando el móvil, le digo que no lo haga pero a cada rato lo hace". Lo que normalmente tendemos a pensar es que lo hace por el puro placer de molestar y la reacción puede variar desde un grito, un golpe un castigo o irnos e ignorarlo. Si intentamos observar sin juzgar podremos ver no solo la punta del iceberg: quizás lo que me está pidiendo es que cubra su necesidad de atención y de afecto, que conecte con él en lugar de conectar con *Facebook*. Bajo este análisis no necesitaré de límites o consecuencias porque seguramente con un abrazo y un poco de atención de calidad mi hijo deje su comportamiento agresivo atrás. Guardo el móvil, le pregunto qué le sucede, qué necesita, le ofrezco un abrazo y cuando esa necesidad está cubierta él solito irá a hacer otra cosa. Podemos decirle que la próxima vez use sus palabras (si es mayor de 2 años y medio) que no hace falta y no nos agrada que nos tiren del pelo. Reiterarle esto es muy importante para que lo vaya incorporando: "puedes usar tus palabras" y le damos un ejemplo.

Muchas veces es complicado comprender qué tipo de demanda está siendo vulnerada y más aún en edades muy tempranas cuando las criaturas no han desarrollado las habilidades verbales, gestuales o cognitivas necesarias para explicarnos qué es lo que necesitan. Por esos motivos, el llanto y a veces una conducta agresiva son generalmente las únicas formas que dominan para hacernos saber que necesitan algo. Vuelvo a insistir en la importancia de observar sin juzgar, ayudarlos a verbalizar la supuesta necesidad, señalar, preguntar, mantener las rutinas, anticipar y, sobre todo, tener mucha paciencia.

Otros disparadores de comportamientos negativos pueden ser producto de cambios en las rutinas, la llegada de un nuevo hermanito, la escolarización, un pico de crecimiento, la crisis de separación, la muerte de algún familiar, una mudanza, enfermedad; situaciones que saquen al niño de su lugar seguro. Durante la primera infancia es complicado aún expresar algunas emociones como lo haría un adulto, en algunas ocasiones no logran comprender o dimensionar qué es lo que realmente está sucediendo en su entorno pero sí perciben el estrés que los rodea, por lo que buscan vías de escape que muchas veces no son las más saludables. Por ello, debemos procurar enfocarnos en las causas motivadoras que hay detrás del comportamiento y no en el comportamiento en sí mismo. En este sentido, Vygotski (1996) sostiene que los cambios generan crisis que impulsan al niño a buscar nuevas habilidades para atender sus necesidades.

Ten presente también que lo que para un adulto puede ser algo sin importancia, o paradójicamente una "niñería", para una criatura puede significar un foco real de estrés y producir dolor genuino. Por ejemplo, que la maestra le haya llamado la atención delante de sus compañeros o que un amigo le haya dicho alguna palabra ofensiva.

La parte olvidada del binomio madre/hijo

"Cuidar de ti misma no significa "yo primero ". Significa "yo también" - L.R.Knost.

Muchas veces las madres (y en menor medida, los padres) no logramos cubrir ni siquiera nuestras necesidades fisiológicas. Suele pasar que retrasamos u omitimos necesidades básicas propias como el sueño o el hambre para poder satisfacer las de nuestros hijos, sobre todo los primeros años de vida y más aún si criamos con respeto, vivimos lejos de la familia o somos madres solteras.

A medida que pasa el tiempo, esta auto negligencia nos provoca un agotamiento crónico que puede terminar afectando nuestro bienestar y nuestra salud integral. El cuerpo nos habla pero no lo escuchamos, entonces buscará otras vías para que le prestemos atención. Por eso es tan importante contar con una tribu que nos apoye, un capital social que sea nuestro sostén y anclaje; transitar la maternidad sola es muy duro. Estoy refiriéndome a ese grupo que nos arrebató la modernidad, pero que nuestra propia esencia de mamíferas reclama a gritos. Esa tribu en la cual, mientras los niños juegan, las mamás hablan y se acompañan. Esa tribu que nos obliga a salir de las cuatro paredes de casa, que hace que los días fluyan de otra manera. Ese grupo que, cuando una mamá está enferma, las otras le dan una mano y cuidan a su bebé. Criar solas nos llena de ansiedad, miedos y culpa, porque los humanos hemos evolucionado gracias a la crianza cooperativa (Hrdy, 2009), en la que muchos miembros de una comunidad (padres, hermanos, tíos, amigos) ayudaban a la madre a alimentar y cuidar de sus crías. Gracias a la crianza cooperativa, hemos sobrevivido como especie y eso se ha perdido en la era moderna. Las madres nos encontramos aisladas, con muy poca ayuda pero con infinitas demandas de rol.

Más allá de lo expuesto, también es muy importante aprender a decir que "no", aprender a delegar y poder comunicar de manera clara y directa lo que necesitamos para evitar ambigüedades.

Me gustaría traer a colación lo expuesto por Marshall Rosenberg (2003) en su libro "Comunicación no violenta, un lenguaje de vida":

> *"(...) Siempre que manifestamos nuestras necesidades de una manera indirecta y nos valemos de evaluaciones, interpretaciones e imágenes, lo más probable es que los demás perciban críticas en nuestras palabras y que, por lo tanto, se defiendan o contraataquen. En cambio, cuanto más directamente conectemos nuestros sentimientos con nuestras necesidades, más fácil será que los demás respondan a ellas de forma compasiva (...)"*

Muchas veces he escuchado que cuando una mamá se queja porque no tiene tiempo para comer, duerme muy mal o no puede ni siquiera ir al baño, otras le dicen: "tienes que aguantar, son solo unos años, no seas egoísta". Este comentario me parece muy injusto y cruel, primero porque quien comenta no sabe cómo es la situación en ese hogar, cuanta colaboración tiene esa mamá, tampoco sabe cuántas horas duerme ese bebé, cuantas herramientas de gestión emocional domina esa mujer. No sabe si hay depresión posparto o estrés crónico y agotamiento parental; no sabe nada.

Además, puede que sean unos años pero, ¿qué pasa con las mamás que tienen dos, tres o cuatro hijos?, ¿deben postergar sus necesidades por una década? Si realmente queremos ayudar, tenemos que enfocarnos en darle una mano, más que en darle un sermón. Noto que muchas veces, al tratar de seguir a rajatabla los lineamientos de la crianza respetuosa, estamos dejando de lado el respeto para la otra parte del binomio: la mamá. Nos centramos tan radicalmente en las necesidades del bebé que nos olvidamos que la madre es también un ser humano y, aunque es una adulta independiente, ha atravesado por numerosos cambios en su vida tanto físicos, como mentales, emocionales y sociales, está en una etapa muy vulnerable. Se genera en torno de la nueva madre una presión social que es muy injusta. Juzgamos, decretamos, discriminamos sin entender que cada familia es diferente y que las necesidades de los niños y las madres también lo son. Según Rosenberg (2003), las madres somos víctimas y presas de la imagen de mujer amorosa asociada al sacrificio y la negación de nuestras propias necesidades para satisfacer las ajenas.

Para poder estar emocionalmente estables y no desarrollar trastornos psicológicos que terminan por afectarnos a nosotras y, consecuentemente, a nuestros hijos, es indispensable contar con esa red de apoyo y contención; la tribu que mencioné anteriormente. Es importante establecer prioridades y abandonar las auto-exigencias desmedidas, es necesario quitarnos todas esas demandas absurdas e impuestas de rol. Hay que priorizar al niño sin caer en negligencias crónicas: estar alerta y reconocer cuando estamos llegando a nuestro límite humano y buscar una mano amiga. De esta manera estaremos cuidándonos y cuidando nuestra familia porque, por más que demos teta, hagamos colecho, porteo y estemos todo el día con nuestro hijo si estamos deprimidas, si tenemos estrés crónico o si el cansancio nos empuja a gritar y desbordarnos, el daño será mucho mayor que si debemos dejar a nuestra criatura un par de horas con la abuela para ponernos al día un poco con el sueño atrasado: sigue tu instinto.

Después de todo somos humanas y, como tales, nuestro cuerpo sigue respondiendo y regulándose de la misma forma que antes de ser madres. La ansiedad de no saber cómo actuar, el escuchar llantos y gritos continuamente, el agotamiento crónico, la duda sobre si lo estamos haciendo bien y la culpa que nos persigue son un combo que nos provoca estrés y nos hace segregar hormonas como el cortisol que, en elevados y continuados niveles, es muy perjudicial para la salud y hasta provoca la muerte de células cerebrales en el hipocampo. Lo que nos ayudará a contrarrestar las hormonas del estrés son las hormonas de la felicidad, como la dopamina o las endorfinas, que serán secretadas cuando tengamos contacto físico, compañía, risas con amigos, contención, cuando logremos dormir sin interrupciones, al tener sexo, al hacer ejercicio físico y por medio de una dieta equilibrada.

Pero, ¿cuántas mamás se pueden dar estos "lujos"? La mayoría dormimos pésimo, tenemos poco o nada de sexo porque estamos agotadas, no tenemos tiempo para entrenar y comemos lo que podemos cuando podemos. Encima, en esos días en los que el bebé está enfermo, mal dormido o con dentición, los llantos continuos y las quejas constantes nos tensionan terriblemente. ¿Cómo no vamos a terminar agotadas y estresadas? Los padres muchas veces no nos entienden porque para algunos de ellos los niños son súper tranquilos y nosotras unas exageradas, pero lo que sucede es que el vínculo entre madres e hijos es muy diferente al vínculo entre padres e hijos, sobre todo en la edad preescolar. Ellos y ellas estuvieron en nuestra panza, toman nuestra leche; emocionalmente somos su lugar seguro número uno, es más, les toma casi un año comenzar a entenderse como un ser diferente de nosotras.

Pasan muchas cosas en nuestro cuerpo y nuestro cerebro cuando estamos solas en casa, pendientes de los niños, hipervigilantes, sentadas horas dando teta o porteando, levantándonos a las 4 de la mañana y acostándonos a las 12 de la noche, durmiendo entrecortado. El no practicar ejercicio físico equivaldría a tomar pastillas "depresivas" y, si encima no duermes y comes mal, la serotonina no se segrega a niveles adecuados. Esto genera un desequilibrio, sumado al sentir que tenemos pocos recursos o somos "malas madres". El combo de la maternidad trae también consigo muchos miedos y mucha ansiedad de que a nuestros hijos les suceda algo malo desde el vientre: perder el embarazo, que dejen de respirar cuando son bebés, que no coman lo suficiente y se enfermen, que las vacunas, que en la guardería los maltraten, que los secuestren, y miles de miedos más que muchas veces son infundados y que debemos aprender a controlar para no volvernos locas. Es complicado, pero es posible revertir algunos de esos miedos de mamá que son, más bien ansiedad y una de las formas de hacerlo es por medio de la reestructuración cognitiva. Te invito a completar el siguiente cuadro. En la primera columna deberás escribir aquellas situaciones de la crianza que te generan mucho miedo. En la segunda, los pensamientos que experimentas según cada situación. En la tercera, la emoción o emociones que sientes cuando esto sucede. En la cuarta, tu conducta y en la quinta algún pensamiento alternativo que podría explicar la situación escrita en primer lugar.

Te dejo dos ejemplos:

REGISTRO DE PENSAMIENTOS

SITUACIÓN	PENSAMIENTO	EMOCIÓN	CONDUCTA	PENSAMIENTO ALTERNATIVO
Siento ruidos en la cocina	Quizás se metió alguien a robar y estoy sola	Miedo, angustia, preocupación	Me quedo despierta hasta muy tarde	Es el viento. Iré a cerrar la ventana
Mi hijo de un año no juega con otros niños	No tiene habilidades sociales	Preocupación, ansiedad	Lo presiono para que socialice y llora	Es muy pequeño aún, debo darle tiempo

Negociando necesidades

"El mejor regalo que una madre puede darle a sus hijos es su propia felicidad" - Thich Nhat Hanh.

Me quiero, nos quiero, me cuido.
Cuando hablamos con las criaturas sobre nuestras necesidades debemos ser cuidadosas y no recargar las palabras de modo que puedan ser confusas o generar culpas. Los preescolares recién están comenzando a entender el pensamiento lógico simple (no el abstracto), por lo que es conveniente utilizar pocas palabras, claras y muy concretas: "ahora no podemos salir al parque porque voy a comer. Cuando termine iremos", en lugar de "Mamá tiene mucha hambre porque estuvo muy ocupada toda la mañana y no come desde ayer y así le faltarán fuerzas para seguir el día". Otro aspecto a tener en cuenta es hablar siempre en primera persona:"yo" en lugar de "mamá", ya que el hablar en tercera persona sumado a tiempos verbales complejos puede ser difícil de comprender en niños muy pequeños. Por último, cuando estemos negociando debemos recordar que nosotros, los adultos, podemos esperar y tenemos noción del tiempo cronológico pero los infantes aún no. Hablar de horas o minutos no es lo más aconsejable. En lugar de decir "en cinco minutos nos vamos" puedes decir "cuando termine esta canción nos iremos" o "contamos cinco vueltas y nos vamos".
Es indispensable que analicemos qué necesidades son profundas y qué otras son superfluas o están tratando de tapar emociones. Si el cuarto está desordenado pero mi

hijo está en plena batalla de *Playmobil*, ¿es realmente una necesidad cortarle el juego para que ordene en ese momento porque mi cabeza perfeccionista no soporta el desorden? ¡No!, podemos hacerlo después. ¿Es indispensable que vayamos de último momento a ese restaurante en el que no hay espacio para moverse, por mi necesidad de socializar con mis amigas? ¡No!, puedo juntarme con ellas en otro momento y buscar niñera con más tiempo. Procuremos que nuestras necesidades superficiales no sean la causa de que nuestros hijos dejen de explorar o dejen de jugar. Brindémosles el tiempo y el espacio para terminar su juego o una idea creativa, hagámosle ese regalo: la infancia es fugaz, demasiado fugaz.

Somos los adultos quienes debemos amoldarnos a las necesidades de los hijos sus primeros años de vida y no tratar y exigir que ellos se amolden a las nuestras ocasionándoles estrés, incomodidad o temor, aunque en el camino tengamos que renunciar a algunas cosas que nos gustan. Quizá no podrás salir de fiesta y desvelarte, tal vez no podrás ir al cine por un tiempo, o no podrás darte una ducha sola hoy. Pero quizá mañana ya puedas hacerlo, o dentro de un mes o un par de meses. Una de las paradojas de la crianza es que, cuando ya logramos adaptarnos y asumir que hay cosas que debemos postergar, los hijos nos sorprenden regalándonos una noche dormida completita, un par de horas tranquilos con la abuela, 15 minutos jugando de corrido y así sigue la vida; se mueve y adapta, van y vienen las olas llevándose algunas cosas y trayendo otras. Los niños son niños una década y un par de años más y son bebés no más de tres años. Si tomamos consciencia de esta realidad, la tenemos presente y la aceptamos, la crianza será mucho más liviana. Si ponemos en perspectiva lo poco que dura la infancia en comparación con la adultez, será más fácil poder recorrer este camino con menos conflictos internos.

Sin embargo, nuestros hijos también necesitan enfrentar y aprender a gestionar la frustración gradualmente como parte del camino hacia la autorregulación emocional, por lo que no es saludable reprimir absolutamente todas nuestras necesidades, sobre todo las fisiológicas, emocionales y sociales. Hay que equilibrarlas teniendo en cuenta que el centro es el niño pero sin perder de vista nuestra humanidad porque las necesidades no satisfechas también disparan conflictos aún en la adultez. ¿No te ha pasado que cuando duermes poco estás irritable? ¿O cuando no has comido te pones nerviosa? ¿O si estás un poco triste y te ignoran te pones a la defensiva? A mí me ha pasado que, cuando sentía que ignoraban mi necesidad de cariño, comenzaba una confrontación, una discusión y creo que lo hacía de manera inconsciente para llamar la atención del otro y luego la situación escalaba increíblemente. Hubiera sido mucho más fácil decir "necesito un abrazo" en lugar de exigirle al otro que interpretara mi lenguaje no verbal o que adivinara lo que hay en mi cerebro. A las criaturas les pasa lo mismo, con la diferencia de que ellos aún no tienen las herramientas para reconocer, nombrar y expresar estas necesidades, por lo que es imperioso estar atentos.

Por otra parte, una de las causas generadoras de estrés más difíciles de gestionar en relación a la crianza es la imposibilidad de delegar, aceptar y negociar las prioridades. En un mundo tan competitivo y perfeccionista, en el mundo en el que "sobrevive el más fuerte" se torna muy complicado, sobre todo para las madres, establecer prioridades y dejar ir lo que no es urgente, pero si no lo hacemos simplemente colapsamos. Debemos detenernos a pensar: ¿qué es más importante y elemental: que esperen los platos en el fregadero o que espere mi niño que llora porque me necesita?, ¿qué es lo más importante: que se arruine su pantalón que en un par de meses no le va a entrar más o que pueda jugar, explorar y divertirse?, ¿qué es más importante: llegar 20 minutos tarde a la reunión con mis amigas o despertarlo de su siesta antes de tiempo generando malestar?

Darwin, lo que en realidad decía, era que sobrevive el que mejor se adapta. Parte de esa adaptación es establecer prioridades con énfasis en nuestra salud psicoemocional, saber decir que no, saber delegar y no tener miedo de no cumplir con parámetros sociales o etiquetas absurdas o poco alineadas con el respeto y la familia. Si la sociedad no comprende la importancia de respetar la vulnerabilidad de los niños: el problema es de la sociedad, no nuestro.

Estallidos emocionales y berrinches

Berrinches y rabietas: aspectos generales

Cuando mi hijo Máx tenía dos años, estaba jugando y de repente me pidió con sus gestos y algunas palabras su "auto azul", lo busqué en la caja y se lo di. De repente: llantos, gritos, manos por todos lados, se puso rojo como un tomate. No entendía qué pasaba, si le había picado un bicho, si se había cortado o qué era tan grave. Cuando pude lograr que se calmara un poco y le pregunté qué le pasaba, entre sollozos me dijo: "no este azul, oto azul". Lo que él en realidad quería era otro de sus autos, uno blanco que tenía una estrella azul en la cajuela y yo le di el auto que era todo de color azul. Lo que para mí era una tontería que se solucionaba en un segundo dándole el otro autito, para él era algo muy grave que le provocaba angustia real. No estaba haciendo una escena dramática; realmente quería SU auto azul. Genuinamente estaba frustrado porque yo no entendía lo que me decía. Es como si, de repente, nos fuéramos a vivir a otro país en el que se habla un idioma que nunca hemos escuchado y nos perdemos en la ciudad, sin teléfono ni internet. Cuando tratamos de que algún local nos ayude y entienda lo que le preguntamos no tenemos éxito, nos miran, les explicamos, hacemos señas pero no nos entienden. Llegará un momento en el que la frustración nos dominará: así se sienten los niños cuando aún no dominan el lenguaje.

¡Y para qué contarles de la primera vez que tuvo un súper estallido emocional en un restaurante porque no lo dejé comerse la vela de la mesa!, me sentí parte de la película "El Exorcista". Panes voladores, patadas descontroladas, gritos, vasos rotos y toda la audiencia de la tercera edad mirando aterrada la situación. Realmente me quedé helada por el nivel de ira, falta de control y fuerza descomunal que podía salir de ese ser tan pequeñito que cinco minutos antes estaba muy tranquilo comiendo su pasta. Con mi primer hijo pensé que él podía tener un problema; con mi segunda hija ya sabía que se avecinaban "los terribles (pero maravillosos) dos".

Para tratar de comprender qué estaba pasando en su cabecita y en su corazón y actuar de manera respetuosa y consciente, acompañándolo de la mejor forma posible me di a la tarea de investigar y leer mucho, no solo libros, también estudios científicos, talleres y charlas magistrales. Me di cuenta que el tema era muy profundo y que había muchas dimensiones involucradas las cuales trataré de resumir lo mejor posible en este capítulo.

Recuerdo una ocasión, cuando en un parque vi a un niño jugando con su caballito de madera, muy contento.

Habría tenido unos dos años y medio o quizás tres. De repente, se acerca una niña y le quita su caballito, él comienza a llorar e intenta recuperarlo. Su padre lo retiene y le dice la típica frase: "hay que compartir". La pobre criatura cada vez se altera más hasta que el papá lo separa del lugar y le da un sermón que termina con la triste frase "eres un malcriado que hace escándalo por todo". Ese momento fue un punto de inflexión; realmente me hizo meditar mucho sobre lo que había pasado desde mi lugar de espectadora. Me di cuenta de la imperiosa necesidad que tenemos los padres en general de cambiar nuestra visión centrada en la conducta para enfocarnos en una centrada en la criatura, sus necesidades, su etapa de desarrollo y fue en ese momento que me comprometí a divulgar lo que estaba aprendiendo. Puede que mis palabras te parezcan demasiado inocentes o irreales, o no logras comprender a qué me refiero cuando digo "educar con empatía y respeto", entonces te pregunto: ¿Cómo te sentirías si de pronto tu madre te quitara el teléfono mientras estás hablando para dárselo a otra persona que lo quiere usar porque 'hay que compartir'? ¿Cómo reaccionarías si te obligaran a hacer pis cuando no tienes ganas o te forzaran a comer aunque no tengas hambre? ¿Cómo te sentirías si tu pareja te pegara una cachetada o te encerrara en un cuarto porque no haces lo que te dice o porque ya no tiene paciencia? ¿Cómo te sentaría si cada vez que te lastimas o te duele algo te dijeran "no pasa nada" o "ya no llores"? Seguramente no te gustaría, te sentirías frustrada e incomprendida y posiblemente con temor. Entonces, ¿por qué es válido hacerlo a quienes más nos aman? La empatía con tu hijo no puede crecer si desconoces lo que en realidad sucede en ese pequeño cuerpecito, en ese cerebro en desarrollo. Invadir, manipular momentos fisiológicos, minimizar y negar emociones y sentires, castigar por los errores y agredir serán los disparadores de diferentes trastornos que tu hijo cargará durante su vida; por eso te ruego que no lo condenes; acompáñalo en su gestión.

Todo muy lindo pero: ¿Qué es una rabieta? Las rabietas, berrinches o pataletas (prefiero llamarlas estallidos, explosiones o desajustes emocionales) son la forma en la que los niños pequeños expresan de manera inmadura su enojo o malestar y se presentan entre los dos y los cuatro años, edad en la que están en pleno proceso de independencia, comenzando a "cortar el cordón". No son acciones premeditadas ni planificadas, son desregulaciones emocionales que nacen de la frustración al no poder obtener algo que desean, al sentirse incomprendidos, o malinterpretar una información. También surgen cuando hay necesidades no satisfechas, cuando necesitan descargar su frustración y cuando nos encontramos frente a una inadecuada integración a nivel cerebral (Siegel Payne Bryson, 2011).

Particularmente no me gusta usar las palabras "berrinches, rabietas, pataletas" porque creo que tienen una connotación muy negativa, me parece (y esto es solo una apreciación personal) que el uso de estas palabras implica cierta intencionalidad del niño. Por eso prefiero usar "estallidos emocionales" o "desajustes emocionales" y serán las palabras que utilizaré en adelante. Lo que las criaturas tienen es una disregulación emocional, es decir, una dificultad para regular o modular la emoción como consecuencia de sus escasas habilidades, lo cual no es intencional sino parte de su desarrollo normal. Cuando los niños lloran, gritan, patalean pero lo hacen desde su cerebro superior, es decir, cuando son conscientes de lo que está sucediendo y pueden dejar de hacerlo si así lo desean, entonces la palabra berrinche o rabieta sí me parece tolerable (Siegel y Payne Bryson, 2011).

Los estallidos emocionales responden a razones psicoevolutivas y son señales que nos dan nuestros hijos, a su manera, de que hay una situación que les afecta pero que no pueden regular por sí mismos, por lo que necesitan de nuestra guía y comprensión. Es nuestro deber como padres aprender a leer entre líneas, traducir el mensaje que intentan enviarnos, enfocarnos en las causas y no en el efecto y con sagrada paciencia. Las explosiones emocionales incluyen llantos, gritos, patadas, manotazos, tiradas al piso y, en casos extremos, aguantar la respiración hasta ponerse morados. Estas actitudes provocan que mamás y papás nos sintamos en un principio estresados y desbordados por la situación, avergonzados por el qué dirán y hasta "malos padres" porque no somos capaces de calmar a nuestros hijos o porque reaccionamos de manera alterada y esto nos provoca angustia. Lo que acabo de detallar es absolutamente normal y todos en algún momento nos hemos sentido así, pero lo que no debemos perder de vista es que nosotros somos los adultos y deberíamos tener más herramientas de regulación emocional que los niños, así que es nuestro trabajo como padres buscar los medios para acompañarlos en esta etapa de manera respetuosa.

La buena noticia es que mientras el niño crece estos episodios disminuyen de manera significativa en cantidad e intensidad. Esto no es casualidad, sino que está relacionado con el desarrollo y la maduración del cerebro, el dominio del lenguaje para expresar el enojo, la incomodidad, la frustración, el dolor o la ira y los avances progresivos en cuanto a autorregulación de las emociones. Por otra parte, alrededor de los cuatro años de edad comienza la etapa de los '¿y por qué?', debido a que el hemisferio izquierdo está más maduro y desarrollado, por lo que el niño o la niña pueden comprender mucho mejor lo que está pasando a su alrededor y se muestran particularmente interesados en las relaciones lineales y de causa/efecto. Cuantas más veces contestemos sus preguntas con honestidad y simpleza, más estaremos favoreciendo el desarrollo cerebral. Es también muy enriquecedor no solo responder sus preguntas sino preguntarles a ellos que piensan al respecto, cuáles son sus creencias o ideas.

"Pegarle un buen grito o ignorarlo es lo único que me funciona para que pare sus berrinches", me dijo un papá una vez en uno de mis talleres. Sí, posiblemente al gritar, ignorar o castigar logres que tu hijo tenga menos episodios de rabietas o quizás hasta sean menos efusivas, pero te aseguro que NO conseguirás que esa criaturita de manos pequeñas deje de sentirse mal por las situaciones que desencadenan sus estallidos emocionales y, encima, le añadiremos la culpa que siente por no poder regular sus emociones, cuando en realidad es lo normal según la edad. Con esas acciones le estás demostrando a tu hijo que aquello que pretendes de él tú no lo puedes manejar aun en tu adultez. También le enseñas que tu amor no es incondicional y que sólo lo amas cuando hace lo que le dices. ¿Cómo pretendes que tu niño aprenda a hacer algo que no estás capacitado para enseñar? Trabaja en tus emociones primero, educa con el ejemplo, sé la persona que quieres que él sea.

Solo cuando entendemos lo que es una explosión emocional, de dónde viene y lo mal que lo pasa la criatura que la vive, podemos cambiar medidas disciplinarias erradas y arcaicas para enfocarnos en observar, nombrar emociones, traducirlas a un lenguaje que los peques puedan comprender y empatizar. Es fundamental mejorar la comunicación en la familia, para lo cual es indispensable que los padres y cuidadores reconozcan, acepten y validen las emociones de sus hijos enseñándoles a identificarlas, darles un nombre y regularlas (Ramsden y Hubbard 2002).

Claro que será imposible evitar todos los episodios de estallidos emocionales y es absolutamente normal y necesario que los niños experimenten la frustración, practiquen la tolerancia y la paciencia, pero igual de importante es prevenir que sea la única forma que el niño encuentre para expresarse o que, al no ser contenidos, se disparen con una fuerza exacerbada. Hay que darle espacio al infante para que llore y grite cuando está teniendo un estallido emocional: hay que dejarlo expresarse y canalizar aunque esto implique

que un par de personas nos miren con cara rara o hasta que nos echen de algún sitio. Por supuesto que no vamos a permitir que lastimen a alguien o se lastimen ellos mismos.

Son muchos los acontecimientos que sirven como disparadores de desajustes emocionales y, como vimos al inicio de este capítulo, tienen que ver con necesidades no cubiertas (que hemos abordado anteriormente): desarrollo cerebral, desarrollo psicológico, los estados de enfermedad, situaciones extraordinarias que implican cambios en las rutinas (mudanza), situaciones estresantes (entrar en la guardería, control de esfínteres, llegada de un hermanito), búsqueda de conexión y atención y paternidad excesivamente permisiva, entre otros. Cada niño y cada familia experimentará los propios. En un próximo capítulo compartiré con ustedes tips, consejos y estrategias para gestionarlos de manera respetuosa, empática y consciente, pero antes necesitamos indagar más profundamente los motivos que los subyacen.

Partamos por la premisa número uno: los peques no lo pasan bien cuando están desregulados; un desajuste emocional genera gran cantidad de estrés que el organismo procesa como peligro, activando el sistema simpático de ataque y huida y liberando cortisol en grandes niveles (Pacheco y Ventura, 2009). Esto provoca que el cerebro y sus sentidos se revolucionen; se acelera la respiración, los músculos se tensan y los pensamientos se vuelven confusos o impredecibles. Como te imaginarás, las criaturas en ese momento están realmente bloqueadas y les es imposible razonar con claridad. Por este motivo es que, cuando están en pleno estallido, debemos evitar intentar razonar de manera lógica con ellos y, hasta cierto punto, tratar de contener sus cuerpos (a no ser que el entorno sea peligroso o que ellos lo pidan). A veces nuestros hijos rechazan los abrazos y el contacto físico cuando están emocionalmente desbordados; en estos casos, lo mejor que podemos hacer es esperar pacientemente a su lado y a su mismo nivel a que el enojo se disipe un poco y abrazarlos cuando ellos lo pidan mostrándonos siempre disponibles a nivel físico y emocional, pero sin invadir. Esto es debido a que, como veremos más adelante, su cerebro primitivo está a cargo y las órdenes que éste da son huir o luchar.

Sin embargo, no es lo mismo dejar expresar un llanto genuino que tolerar sollozos voluntarios, por lo que hay que aprender a diferenciar estallidos emocionales involuntarios de rabietas voluntarias. Esto lo veremos con más claridad en un próximo capítulo. Es importante destacar que los comportamientos negativos, impulsivos y desafiantes que se gestan a partir de las rabietas son normales en los preescolares porque, como vimos, están determinados por su desarrollo cerebral y psicológico. Sin embargo, si a medida que el niño va creciendo se presentan demasiado intensos, agresivos y largos (lo que quedaría fuera de los límites normales para la edad y nivel de desarrollo) y cuando, como figuras de apego, observamos un patrón con estas características que se mantiene en el tiempo y que no va mejorando es conveniente consultar con un profesional, sobre todo si tu hijo ya tiene más de

5 años. Hay un instinto que nos va guiando, una voz interna que se hace muy fuerte: escúchala.

Aspectos psicológicos de los estallidos emocionales: desarrollo psicológico (cognitivo, emocional y social)

Cuando mi hija menor tenía 2 años y medio, había momentos en los que sentía que vivía con una mini adolescente. A cada cosa que le pedía o le preguntaba su respuesta era "no", y de un momento a otro, superó mis expectativas con el uso indiscriminado de su palabra favorita: "nunca". Si no fuera que he leído bastante sobre desarrollo psicológico me hubiera sentido muy frustrada, pero sabía que era una etapa totalmente normal y que iba a pasar; no solo porque los científicos me lo habían prometido sino porque, al tener un hijo mayor, esa película ya la había visto.

Desde que nacen y hasta su adolescencia, los niños atraviesan diferentes estadios en los cuales irán desarrollando y gestionando sus habilidades cognitivas, emocionales y sociales para poder relacionarse con los demás y con el medio. Cuando tienen entre 18 y 24 meses, las mamás a veces notamos una dicotomía en la manera de actuar de nuestros bebés: por momentos quieren ser grandes e independientes, quieren hacer todo solitos y, en otras oportunidades, no quieren separarse de los brazos de mamá y hasta toman más teta que antes. Es muy normal ya que están atravesando por la fase de aproximación (Mahler et al., 1977). Lo que sucede es que ahora sus niveles de maduración les permiten ser más autónomos e independendientes. Hacía tan solo algunos meses comenzaban a caminar y explorar y toda esta novedad les facilitaba el estar un tiempito separados de mamá mientras se entretenían con aquel mundo nuevo, pero ahora se están produciendo cambios en su mundo interno y están más sensibles a sentir temor, frustrarse, tienen más consciencia de la separación y el estrés que esto conlleva. Por eso, y según Mahler, el infante se va moviendo entre períodos en los que necesita distanciamiento y períodos en los que necesita mucha contención e intimidad con su figura de apego. Notarás que hay días en los que tu hijo no se despega de ti ni un instante, te sigue por toda la casa y quiere hacer todo lo que tú haces y, de repente, se entretiene con algo y ni te presta atención.

No es recomendable rechazar al niño cuando se muestre independiente, ni tampoco asfixiarlo; debemos fluir naturalmente entre distanciamiento y acercamiento, hacerles saber que son seres independientes, darles voz desde un marco de respeto y contención emocional y límites oportunos y estar siempre disponibles cuando requieran afecto teniendo presente que esta dualidad es un proceso normal. El niño está saliendo del cascarón y, aunque esto suene maravilloso y excitante, también le genera mucha ansiedad y estrés.

La etapa que abarca de los dos a los tres años de vida y que dura hasta los cuatro o cinco años es uno de los momentos clave a nivel de desarrollo psíquico, y lo vamos notando en función de cómo avanza de manera progresiva el dominio del lenguaje verbal, el juego simbólico y el control de esfínteres. Surge mayor interés por juntarse con otros niños y niñas de la misma edad. A partir de estas edades el niño puede aprender a tolerar la angustia y la frustración de mejor manera y también la separación de su madre o figura de apego, ya que puede representarla dentro de su mente (constancia objetal) por lo que la angustia que le provocaba su ausencia se verá calmada por esta representación intramental de su figura de apego. La madre se percibe entonces como un ser separado del mundo exterior pero también pertenece al mundo interior del niño (Mahler, Pine y Bergman, 1977). La comprensión del tiempo y espacio, que comienzan gradualmente a desarrollarse cerca de los 3 años, va a influir de manera positiva en la capacidad de los peques para tolerar la separación y también para poder esperar por más tiempo algo que desean o una gratificación. En esta etapa el niño debiera mostrarse más estable a nivel emocional y afectivo.

Por otra parte, y según la teoría del desarrollo cognitivo de Jean Piaget, entre los dos y los siete años de vida las criaturas atraviesan la etapa conocida como *pre-operacional*, la cual se divide en dos: *fase preconceptual* entre los dos a cuatro años, y *fase de pensamiento intuitivo* de cuatro a siete años. En la preconceptual, se muestran naturalmente inclinados hacia el pensamiento egocéntrico, lo que los hace incapaces de percibir el mundo desde una perspectiva diferente a la propia, dando por sentado que las demás personas piensan y sienten como ellos y que tan solo con una explicación cortita todos los van a entender (Hernández Posadas, 2006).

De repente pasan de bebés dependientes a niños poderosos y autónomos y manifiestan esa autonomía y egocentrismo con frases y palabras como "yo","no","no quiero", "nunca", "yo solo" y el *superhit*: "mío, mío", las cuales se convierten en sus palabras preferidas y en ellas se refleja esta búsqueda y deseo por ser ellos mismos. En definitiva: están intentando configurar su propia identidad, por lo cual, cuando se enfrentan con un choque o una negativa a sus ideas se frustran y se enojan. Asimismo, cuando tienen esos días en los que la independencia les da miedo buscan afecto y contención constantemente, nos siguen como sombras y si de repente ya no estamos disponibles para ellos también se frustran o se enojan, lo que desencadena desajustes emocionales. Todos los anteriores constituyen motivos por los cuales es absolutamente normal que nuestros hijos exhiban episodios de estallidos emocionales.

Por otra parte, en la edad preescolar, y debido a su egocentrismo y su forma de razonar, los niños y niñas creen que todos sus pensamientos son poderosos; la imaginación es un motor importante en su desarrollo y puede verse reflejada en casi todas sus actividades cotidianas, especialmente a través del juego (Hernández Posadas, 2006). Es tan lindo ver como sus cabecitas inventan historias completamente fantasiosas y creativas; es realmente una etapa mágica en ese sentido. Nuestra labor como padres en este aspecto es no suprimirlos o censurarlos constantemente por ser niños, sino acompañarlos sin derribar su imaginación; a medida que crezcan y maduren dejarán ir de manera paulatina su mundo fantástico. La etapa preescolar es preciosa y dura muy poco, tratemos de gestionarla con tolerancia. A medida que pasa el tiempo y poco a poco, este egocentrismo se irá apaciguando, en parte también por el papel que juegan las interacciones sociales.

En este sentido, en algunas oportunidades, los padres primerizos pensamos que quizá estamos criando bebés ermitaños, solitarios y antisociales porque no demuestra ningún interés por jugar con sus pares lo que tiene que ver en realidad con su desarrollo socioemocional. Nos preocupamos y culpamos de que no socializa por falta de oportunidades y organizamos reuniones y salidas de juego que terminan en caos porque, por supuesto, nuestro bebé no muestra interés alguno en jugar con otros bebés y mucho menos quiere compartir o prestar sus juguetes y así caemos en la frustración. Estas inquietudes resultan ser en vano, lo que sucede es normal, debido a que entre los doce y los veinticuatro meses la idea de compartir es aún difícil de procesar para los niños y suelen jugar solos. Puede ocurrir también que se encuentren en una misma habitación con otro peque de su misma edad pero que ni lo pesquen: cada uno juega en solitario, en paralelo. Recién entre los tres y los cinco años comenzarán a jugar de manera más cooperativa e integrativa y los padres podemos observar más interacciones con otros: de repente se han pasado una hora jugando sin parar con sus amiguitos, algo que a los dos años era muy improbable. En esta etapa están mucho más interesados en socializar y hacer amigos por lo que es cada vez más fácil para ellos compartir sus cosas. Se van desarrollando una serie de habilidades que le permiten al niño o a la niña resolver conflictos con sus pares con mucho éxito y poder jugar con peques que no conocen. Por estos motivos, durante este período, el juego es un factor muy importante para la socialización, ya que tu hijo(a) se está volcado al mundo exterior, aunque aún conserva una actitud cognitiva egocéntrica (Lacunza y Contini, 2009).

Es por esto que NO hay que obligar a nuestro hijo pequeño a compartir sus juguetes si no lo desea; primero porque debemos respetar sus pertenencias y segundo porque no está psicológicamente preparado como para comprender que su juguete regresará. Ármate de paciencia y confía en que con el tiempo y las experiencias será su necesidad de socializar y hacer amigos, sumado al desarrollo progresivo de su empatía, lo que motivará a tu hija(o) a compartir sus tesoros con otros y no tus exigencias. Tampoco lo tienes que forzar a socializar si no le apetece; dale tiempo, experiencias y oportunidades pero sin forzar. Por último, entre los tres y los cinco años es importante que resuelvan sus conflictos sin la intervención continua de un adulto, por lo que dejarlos poner en práctica sus habilidades sociales es fundamental; muchas veces nos sorprenden negociando, cediendo o mediando. Si el conflicto escala y se pone violento será necesaria nuestra intervención y mediación, pero dejar que las situaciones fluyan le otorgará a nuestros hijos las experiencias y oportunidades para su desarrollo social.

Emociones y regulación emocional

Emociones

¿Qué son las emociones?

Una emoción es una respuesta neurofisiológica, comportamental y cognitiva del organismo frente a un acontecimiento externo o interno que predispone a la acción. Dicho de otra manera, las emociones son como un termómetro que detecta un cambio al cual debemos responder. Son sistemas de análisis de la realidad y nos empujan a tomar consciencia de lo que está pasando alrededor. Son fugaces: duran muy poco tiempo (minutos, horas).

Se activan a partir de algo que sucede en nuestro interior (pensamiento, recuerdo) o en el exterior (amenaza) por medio de nuestros sentidos, que van captando y procesando toda la información que nos llega del entorno y la valoran de forma automática, como un escáner. Los humanos nacemos con un mecanismo innato y automático de valoración del entorno a través de los sentidos para saber si lo que está sucediendo a nuestro alrededor conlleva peligro o afecta a nuestra supervivencia. Según mi profesor, el Dr. Rafael Bisquerra Alzina, la respuesta emocional tiene 3 componentes:

- **Neurofisiológico:** Por medio de la sudoración, hipertensión, taquicardia, secreciones de hormonas y neurotransmisores (adrenalina, noradrenalina, cortisol, oxitocina).
- **Comportamental:** Relacionada con la expresión corporal y el lenguaje no verbal; sobre todo la cara y cómo ésta comunica lo que sentimos.
- **Cognitivo:** Tiene que ver con la toma de conciencia de nuestro estado emocional para poder decidir qué hacemos con esa emoción. Si la alargamos, la acortamos o si la dejamos ir. El uso del lenguaje y el vocabulario emocional nos ayuda a ponerle nombre a lo que estamos sintiendo y esto es muy importante, sobre todo si son emociones complejas.

Sin embargo, aunque las emociones nos predisponen a actuar de determinada manera, esto no quiere decir que seamos esclavos de éstas. Tenemos la capacidad de regularlas, lo cual no es fácil y requiere entrenamiento. Una de las formas de aprender a regular nuestra respuesta emocional es a través de la práctica de la atención plena. Puedo estar muy enojado con alguien y querer agredirlo, pero eso no quiere decir que voy a hacerlo porque tengo la capacidad de regularme; algo que a los niños pequeños les cuesta mucho más por su desarrollo cerebral y psicológico y por eso necesitan experiencias y acompañamiento.

Por otra parte, no hay emociones buenas o malas, correctas o incorrectas; son todas evolutivas, funcionales y sirven para ayudarnos a adaptarnos al entorno. Por esto tienes que permitirte y permitirle a tus hijos sentirlas y experimentarlas, nombrarlas en lugar de reprimirlas. Lo importante es aprender a abrazar, evocar y estirar al máximo las que nos producen bienestar (positivas) y reconocer, aceptar, nombrar y dejar ir a tiempo las que nos provocan malestar (negativas). La forma en la que regulas tus propias emociones será un ejemplo para tus hijos. Es válido y normal sentir enojo, miedo, ansiedad. Es válido, normal, funcional y necesario llorar y frustrarse. Lo que no es conveniente es reprimir, ignorar o rumiar[1] esas emociones.

Es así que, cuando hablamos de emociones positivas nos referimos a aquellas que nos acercan al bienestar y las negativas son las que nos alejan de este, lo que no quiere decir que sean buenas o malas. Por ejemplo, si vamos caminando por el bosque y de pronto, vemos un oso inmenso delante de nosotros sentiremos miedo, lo cual nos va a alejar del bienestar pero va a activar el sistema simpático que nos permitirá reaccionar al respecto; por ejemplo, huyendo. Entonces, aunque fue una emoción negativa porque nos alejó del bienestar en ese momento, fue una emoción buena porque nos posibilitó sobrevivir.

---

[1] Rumiación: Forma disfuncional de orientar la atención y los pensamientos focalizándonos de manera repetitiva y pasiva de la atención en lo negativo y las características amenazantes de una situación estresante (Skinner, Edge, Altman y Sherwood, 2003).

Una vez que el peligro pasa, nuestro organismo activa el sistema parasimpático para volver a la normalidad a nivel fisiológico. Las emociones negativas se procesan en el hemisferio derecho y las positivas en el izquierdo porque unas activan el bienestar y otras el malestar. Según Paul Ekman, las emociones humanas, básicas y universales son 6: tristeza, miedo, alegría, sorpresa, asco e ira. Por genética, tenemos solo una emoción positiva y cuatro negativas porque la *sorpresa* es considerada neutra. La emoción de base *alegría* es el punto de partida para las positivas (amor, placer, diversión) que están genéticamente "abiertas", ya que venimos capacitados y programados para aprender a disfrutar, para ser felices. Entonces, ¡que a tus días y a los días de tus hijos no les falten momentos de alegría!

Emociones primarias y secundarias

Las 6 emociones primarias con las que nacemos se van combinando y surgen las emociones secundarias (vergüenza, orgullo, curiosidad, placer, celos), que no son innatas y van apareciendo a medida que crecemos e interactuamos con los demás, por lo que pueden variar un poco según la cultura y la zona geográfica en la que vivamos. Por ejemplo, la sorpresa y el miedo dan lugar al espanto. Las primarias son en respuesta a algo y las secundarias son anticipativas: el miedo es una respuesta real a un estímulo real, mientras que la ansiedad está en mi cabeza anticipando algo que puede o no pasar.

Las emociones primarias se estudiaron a partir de expresiones faciales y es de esta forma precisamente, y también del lenguaje no verbal y la expresión corporal, que podemos aprender a detectar emociones que surjan en nuestros hijos y, al hacerlo, invitarlos a hablar de ellas, ponerles un nombre. También podemos ayudarlos a que empiecen a detectar en qué parte del cuerpo sienten cada emoción, qué la provoca; así aprenderán a exteriorizarlas y a desarrollar su inteligencia emocional. Es muy importante que comprendan que es normal sentirse tristes o enojados. Una vez un amigo de mi hijo se cayó jugando y su papá, al instante, comenzó con el "no pasa nada": le expliqué que usar esas palabras no es beneficioso porque lo que en realidad estaba haciendo era ignorar y reprimir algo que sí había pasado y que sí generó un malestar. Más adecuado sería decirle: "Te caíste, sé que te duele mucho, te daré un abrazo y te sugiero que respires hondo para que el dolor pase más rápido". El afecto físico es muy importante para ayudar a nuestros hijos a regular el dolor, ya que genera opiáceos endógenos (sustancias químicas) que funcionan como calmantes naturales.

Regulación emocional

Mis suegros estuvieron de visita. Dejaron unas *gominolas* (gomitas con forma de dulces) laxantes en un cajón. A mis críos les encantan las *gominolas*. Mi hija Amy de dos años y medio las encontró y quiso comerlas pero yo le dije que, aunque entendía que le gustaban mucho, no podía dejar que se las comiese porque iban a dañar su pancita. Ella siguió insistiendo y, ante mi negativa, explotó: gritos, patadas, llanto descontrolado, no quería abrazos, no quería que la tocase, no quería comer otra cosa, no quería salir: quería las gominolas laxantes. En ese momento yo no podía ceder, entonces, ¿qué podía hacer? En primer lugar, dejar que ella experimentase la frustración por no poder tener algo que deseaba mucho sin buscar reprimirla ni culparla, quedándome a su lado estoica, firme pero amorosa, en calma y dejándola llorar lo que tuviera que llorar, tratando de conectar con esa emoción y, mientras la validaba, ir contándole que esas gominolas no eran chuches (golosinas, dulces), sino medicinas y que la iban a lastimar si se las comía. En una ocasión así puedo ofrecerle un abrazo, una alternativa saludable o jugar juntas y, probablemente, en un principio no acepte nada, quizás hasta llore durante quince o veinte minutos o el tiempo que necesite su cerebro para volver a su estado normal. Quizá, en la próxima negativa le lleve menos tiempo regularse, quizás con este aprendizaje escoja otra alternativa o acepte el abrazo antes.

Este es un ejemplo que muestra la escasa autorregulación emocional y los límites respetuosos. Estoy segura y apostaría mi vida a que, si tienes un hijo o hija de entre dieciocho meses y tres años de edad, puedes identificarte en alguna medida con esta situación. Esto no quiere decir que todos los niños sean iguales: solo significa que están creciendo y desarrollándose de manera normal. No es normal que un niño de esa edad se conforme con las continuas negativas, que se regule solito y siga jugando.

La forma en la que los bebés pueden procesar sus emociones cuando son muy pequeñitos es a través de la regulación afectiva, que sólo puede darse por medio de una relación con otro ser humano. Por este motivo, el contacto físico y emocional (abrazar, tranquilizar, hablar, acunar) es lo que le permitirá al niño encontrar la calma en situaciones de necesidad e ir aprendiendo a regular por sí mismo sus emociones (Armus, Duhalde, Oliver y Woscobonik, 2012). Por lo que, si un niño llora y nadie lo consuela, enfrentará solito el aprendizaje que va del malestar a la calma y al bienestar y podría tener dificultades para autocalmarse en sus primeros meses de vida, pero también a lo largo de todo su desarrollo (Schejtman y Vardy, 2008; Tronick, E, 2008). Que mamá y papá intervengan continuamente para mitigar el malestar de la criatura tiene efectos regulatorios en el control, modulación y expresión de la emoción (Harman, Rothbart y Posner,). Las capacidades de los niños para regular sus emociones son determinadas en gran parte por los procesos de maduración cerebral como hemos visto antes, cómo van aprendiendo a comprender las emociones, el temperamento que cada uno tenga y las prácticas de padres y cuidadores.

La regulación emocional podría definirse como el conjunto de habilidades (conscientes e inconscientes) que usamos para gestionar las emociones de forma apropiada: cómo y a través de qué estrategias manejamos los conflictos, toleramos la frustración, modulamos su intensidad y duración, por cuánto tiempo podemos retrasar una gratificación, el grado en el que somos capaces de aceptar lo que sentimos y cómo controlamos nuestros impulsos. No solo tiene que ver con las emociones negativas, sino también con la gestión de las emociones positivas.

Estas habilidades no están desarrolladas al nacer, sino que se van adquiriendo de manera progresiva y gradual. Imagina si a ti, como adulto, muchas veces te cuesta controlar tu ira o tu frustración: cómo será para una criatura que todavía está en pañales. Ayudarlos a hacerlo desde el hogar y también desde los centros educativos es una de las principales tareas de padres y cuidadores.

La capacidad para regular las emociones es indispensable para el desarrollo de la inteligencia emocional[2].

El estadio que en el colectivo popular se conoce como "los terribles dos años" y que abarca desde el primer al tercer año de vida, es uno de los periodos en los cuales los seres humanos atravesamos muchas y muy significativas limitaciones relacionadas con el autocontrol y el manejo de las emociones (Calkins y Hill, 2007). Pero, al mismo tiempo, durante esas edades, los infantes empiezan a dominar estrategias simples de control emocional, como el redireccionar la atención, la búsqueda de bienestar, auto-calmarse y alejarse de una determinada situación (Thompson y Goodvin, 2007). A medida que los niños crecen, son cada vez más conscientes de las causas y consecuencias de sus reacciones emocionales, por lo que irán incorporando poco a poco mecanismos que les permitirán controlarlas (Ato, Carranza, González y Galián, 2005).

Mientras van adquiriendo capacidades de regulación emocional cada vez más sofisticadas, los pequeños también

---

2 Inteligencia Emocional: Habilidad para percibir, valorar, expresar y comprender emociones con exactitud y regularlas de manera que promuevan un crecimiento emocional e intelectual (Mayer y Salovey, 1997).

aprenden a usar diferentes estrategias en variados contextos y esto es un gran progreso a nivel de desarrollo; les permite pasar de una regulación emocional externa guiada por la madre y/o cuidadores a una autorregulación interna (Esquivel et al., 2013). A modo de cierre y siguiendo lo expuesto por Paniagua González (2016), al finalizar la etapa preescolar el niño tiene que ser capaz de regular sus impulsos, resistir el cansancio y la fatiga, manejar sus tiempos y rutinas. De esta manera estará demostrando un manejo gradual efectivo de sus emociones y de su propia conducta.

Lo que hay que hacer. Nuestros hijos aprenden a regular sus emociones principalmente a través de dos canales:

- **Observación** (predicar con el ejemplo): los niños no hacen lo que les decimos que hagan; hacen lo que ven que hacemos; nos imitan. No puedes enseñarle a tu hijo a que se calme mediante gritos o golpes. Si la madre o el padre responden a un grito con más gritos, insultos, o etiquetas crueles eso es lo que el niño aprenderá. Por ello, no es extraño que si tu madre te gritaba cuando estabas emocionalmente descontrolado tú le grites a tus hijos o que a veces ellos te griten a ti. De aquí a que sea tan importante el autoconocimiento y la práctica del *mindfulness*[3], así como también trabajar en curar heridas o microtraumas

---

[3] *Mindfulness:* Se refiere a la consciencia que emerge al prestar atención de forma deliberada al momento presente y sin juicio (Kabat-Zinn, 2009).

emocionales que arrastramos desde la infancia. Cuando vas en el coche y sucede que alguien se demora un poco en arrancar luego de la luz roja, y tu reaccionas gritando o insultando mientras tu hijo te está mirando, le estás enseñando a comportarse de manera reactiva y agresiva cuando pase algo que le desagrade o vaya en contra de sus deseos. Si ante esta misma situación decides respirar hondo y comprendes que quizá la otra persona está distraída, no te lo tomas de manera personal, solo le haces un juego de luces a modo de llamado de atención y luego le explicas a tu hijo que esa persona hizo algo incorrecto porque podría causar un accidente, el niño aprende a reaccionar de una manera más calmada y racional y a buscar soluciones en lugar de culpables. Está científicamente demostrado que si los peques son expuestos a niveles relativamente altos de conductas positivas por parte de sus madres o figuras de apego, aprenderán formas positivas de relacionarse con otras personas y de manejar sus emociones (Eisenberg, et al., 2007). Claro que esto no es fácil y requiere mucho trabajo personal, pero si no quieres hacerlo por ti, al menos hazlo por tus hijos: corta el ciclo porque tal vez tus padres no tenían herramientas ni el acceso o la madurez que tú tienes. Enseñarles estrategias de afrontamiento como puede ser a respirar lenta y profundamente,

nombrar las emociones o redireccionar la atención (luego de validar) es muy beneficioso.
- **Prácticas Parentales:** Si ante un desajuste emocional de tu hijo siempre reaccionas gritando, ignorando o castigando puede que éste termine por reprimir u ocultar sus emociones, desarrollando estrategias regulatorias que favorecen la inhibición y el sobre control, limitando sus recursos para lidiar con emociones negativas (Esquivel et al., 2013). Por el contrario, si intentas empatizar con la criatura reconociendo y validando sus emociones, aceptándolas y nombrándolas, aprenderá habilidades para autorregularse a futuro.

Por otra parte, la psicología positiva resalta el hecho de que no debemos reprimir las emociones negativas ya que son funcionales y parte de la vida (y, a veces, hasta pueden ser el motor para encontrarle sentido), lo importante es poner énfasis en lo positivo pero aceptando y aprendiendo a gestionar lo negativo como algo inherente a nuestra condición humana.

Además, es indispensable explicarle a nuestros niños y niñas lo que está sucediendo pero siempre expresándonos de manera que lo puedan comprender en función de su edad y desarrollo. Es mejor hacerlo cuando se han calmado un poco porque en pleno estallido emocional posiblemente no seamos escuchados; en esos momentos lo más recomendable es empatizar y ofrecer afecto. Cuando una mamá tranquiliza a su hijo y le explica la situación o la emoción, éste manifestará un mayor control emocional a futuro (Spinrad, et al., 2004).

Cuando nos encontramos en medio de un desajuste emocional y notamos que a nuestro hijo(a) realmente le está costando regularse, otra estrategia que podemos implementar es distraerlo(a), ya que muchos autores han comprobado que esto permite una mejor regulación de la emoción negativa que únicamente tranquilizar (Esquivel et al., 2013). Pero para Grolnick et al. (1998), y es algo que empíricamente comparto, cuando las madres en edades tempranas de sus hijos privilegian la distracción como estrategia de regulación, aunque esta sea eficiente en esas edades, posteriormente las criaturas dependerán más de una regulación emocional externa y se mostrarán más angustiados que cuando intentan regularse de manera independiente. Por esta razón, propongo utilizar la distracción como estrategia pero sin abusar de ella, siempre explicando el porqué de la negativa antes de aplicarla, realmente se puede aprender algo de la situación y no es solo una estrategia evitativa. Por ejemplo, Mariana quiere un juguete de un amiguito y ese amiguito no lo quiere compartir. Mariana se pone a llorar y a gritar. Su mamá podría decirle "entiendo que estás enojada porque quieres ese juguete, pero es de Pepito y él no quiere prestarlo y debemos respetarlo" y luego hacer una sugerencia para cambiar el foco atencional "si prefieres, podemos salir a jugar en el columpio un rato como querías, ahora que no hay nadie".

Pero, más allá de todas estas sugerencias, hay algo indispensable y transversal para que nuestros hijos aprendan a regular sus emociones y que tiene que ver con la conexión, el amor y el afecto de las figuras de apego. Cuando mamá y/o papá se muestran disponibles para aliviar a sus hijos en aquellas situaciones que les generan angustia o malestar, estimulan vías en sus pequeños cerebros que en un futuro les permitan auto-calmarse (Bowlby, 1969). Un abrazo, una caricia, un mimo nunca están de más y no deberían negarse ni en aquellos momentos en los que nos sentimos frustrados o enojados con nuestros niños. Nuevamente: separar la conducta del afecto.

Lo que NO hay que hacer. Como he explicado anteriormente, es esencial evitar la disciplina punitiva; el uso de castigos, amenazas o violencia de cualquier tipo como intento de "control" de los hijos. Por otro lado, y aunque es indispensable limitar las negativas a aspectos o situaciones que impliquen peligro o ataquen de manera directa nuestros valores o normas familiares, ceder continuamente ante cada pedido o queja de nuestros hijos tampoco es adecuado, los límites respetuosos brindan seguridad y contención tanto al niño como al cuidador. Al no permitirles frustrarse y al evitar que experimenten emociones negativas podríamos estar promoviendo reacciones impulsivas limitando su capacidad para usar otras estrategias más adecuadas (Thompson y Goodvin, 2007). En definitiva, cuando hablamos de frustración, debemos ser capaces de encontrar un equilibrio.

Neurociencia y estallidos emocionales: el desarrollo cerebral del preescolar

El cerebro triuno de MacLean

Para poder entender el papel que juega el cerebro en la conducta de los niños tengo que hacer primero un breve resumen de cómo está constituido desde el punto de vista evolutivo. Para esto explicaré de manera breve la teoría del cerebro triuno desarrollada por el neurocientífico Paul MacLean (1990), la cual postula que el cerebro humano actual está formado por la superposición evolutiva de tres cerebros que no trabajan de manera independiente, sino que funcionan de forma interconectada como una red.

Según este autor, este órgano puede subdividirse en:

• **Cerebro inferior (reptiliano):** Es la primera capa o cerebro primitivo y el más pequeño. Se encarga de tomar decisiones relacionadas con la supervivencia y también de las funciones vitales y automáticas (comer, dormir, respirar, etc.). Es intuitivo, instintivo y visceral. Toma las riendas de la conducta cuando se ve amenazado mediante una reacción. Su función es actuar, no está capacitado para sentir o pensar. Es el cerebro que toma el control más frecuentemente los primeros años de vida. Cuando un bebé llora o grita una de las cosas que podemos hacer es fijarnos si algunas de las necesidades básicas no están siendo cubiertas. Aun así, el reptiliano en muchas ocasiones sigue dominando los primeros cuatro o cinco años de vida, es por eso que notarás que tu hijo mayor puede ofuscarse fácilmente si se ha saltado su siesta o si no ha comido por un largo rato, por lo que debemos seguir atentos siempre a cubrir estas necesidades básicas para minimizar los estallidos emocionales. Esto lo lograremos en parte descubriendo las rutinas orgánicas de nuestros hijos y adaptándonos a ellas. Para calmar su llanto deberíamos ofrecerle consuelo, ya sea a través de alimento, abrigo, cambio de pañal, abrazos y mimos o ayudándolo facilitando el ambiente adecuado para que pueda dormir ya que, de esta forma probablemente encuentre calma. Por esta razón los niños porteados probablemente lloren menos frecuentemente porque al estar cargados tienen el alimento al alcance de la mano (la teta), están arropados, cómodos, se sienten seguros y contenidos ya que en los brazos de mamá no hay muchas amenazas, además, cuando sienten una disconformidad la madre puede darse cuenta muy rápido por su estrecho contacto. En este sentido también hay que tener en cuenta que cuando el niño se siente amenazado (aunque no exista amenaza real) este cerebro tomará el control y su respuesta será la huida, la inmovilidad o la lucha y esto en parte justifica que reaccione agresivamente cuando están emocionalmente desbordados.

- **Cerebro medio (cerebro emocional o sistema límbico):** es el cerebro de los mamíferos inferiores y se ubica encima del reptiliano. Es el centro de la emotividad y el afecto, de las conexiones y las relaciones. Está vinculado a la capacidad de sentir y desear y se encarga de filtrar la información antes de que llegue al neocórtex procesando la alegría, el temor, la agresión, etc. Este cerebro es el que nos motiva pero que a la vez nos domina y bloquea al cerebro racional si no sabemos controlarlo. Cuando un niño tiene entre dos y tres años, muy frecuentemente toma las riendas su cerebro emocional. Las criaturas lloran menos por necesidades básicas y más por emociones. En esas ocasiones, debemos gestionar su malestar de manera empática, para activar en el niño zonas del cerebro que lo ayuden a regular esa emoción.

El reptiliano y el límbico conforman el sistema instintivo-emocional trabajando como un equipo para garantizar la supervivencia a través de conductas automáticas, impulsivas, inconscientes y rápidas (De Gregori, 1999).

Los humanos estamos genéticamente predispuestos para sentir antes que pensar por un tema de supervivencia. Las emociones nos hacen reaccionar rápidamente ante el peligro y esto es difícil de controlar; lo que sí podemos es evitar pensar y rumiar en aquellas situaciones que nos provocan ansiedad o malestar, porque de esta manera se estimulan en el cuerpo las hormonas del estrés y los mismos mecanismos que se activarían si tuviésemos una amenaza real frente a nuestros ojos, provocándonos un malestar que es posible evitar. Podemos enseñarle a nuestros hijos a evitar rumiar con emociones negativas o situaciones imaginarias o potenciales que les generen ansiedad (miedo) y no amenazarlos o mentirles disparando temor, evitando frases como "vete a dormir o vendrá el lobo feroz".

El problema de hombres y mujeres de la posmodernidad es que estamos diseñados para defendernos, huir o luchar, sin embargo, no tenemos las mismas amenazas que tenían nuestros ancestros del paleolítico. Es así que, al sentirnos amenazados, por ejemplo, cuando nuestro hijo hace un berrinche exorbitante y termina dando manotazos, el cerebro nos dice: "pelea, congélate o sal corriendo", porque así estamos hechos; entonces es normal que reaccionemos de esta manera. Nuestra gran tarea como madres y padres es tratar de regular esas reacciones corporales automáticas que se desencadenan cuando nos sentimos amenazados gestionarlas y para esto no hay nada más efectivo que la práctica de la atención plena; las habilidades inherentes a la inteligencia emocional, seguir las rutinas de la manera más orgánica posible y no invadir su cuerpo ni exigirle a nuestros hijos que demuestren afecto o que sean nuestras marionetas.

- **Neocórtex (Cerebro cognitivo-ejecutivo):** es el cerebro humano más grande, evolucionado y es la base del pensamiento. Se activa siempre de manera más lenta y después del instintivo-emocional por medio de conductas reflexivas y conscientes. Regula y "traduce" instintos y emociones. Está compuesto por dos hemisferios:

- *Hemisferio Izquierdo:* es lógico, literal, lingüístico, lineal, secuencial, base de la inteligencia racional.
- *Hemisferio Derecho:* es emocional, no verbal, experimental, autobiográfico. Base de la inteligencia asociativa, creativa e intuitiva, holística, libre de expresar los sentimientos.

Durante el primer año de vida, la conducta de los bebés está principalmente dirigida por el cerebro reptiliano. A partir de ese momento empieza a ser guiada cada vez más por el sistema límbico, buscando y pidiendo en todo momento satisfacer sus necesidades de amor y seguridad, además de las necesidades básicas, por eso notarás que antes tu bebé pedía la teta principalmente cuando tenía hambre pero mientras crece lo hace cada vez más por mimos y contención y no solo para comer, por eso se quedan horas mamando. Por estos motivos es vital conectar con el sistema instintivo emocional de tus hijos a través de la presencia y el afecto. Hasta aproximadamente el tercer año de vida está más desarrollado el instintivo-emocional, pero no pasa lo mismo con el cognitivo-ejecutivo, por lo que todas estas emociones e instintos no pueden ser completamente traducidos por el neocórtex porque este cerebro necesita seguir madurando. A partir de los tres años, el cerebro racional comienza de manera gradual a tomar las riendas en las conductas del niño, lo que le facilita controlar y frenar los impulsos emocionales. Aun así, la ciencia nos dice que el neocórtex no estará completamente desarrollado hasta pasados los veinte años de edad. Sumado a lo anterior, en los peques de entre uno y cuatro años el hemisferio derecho le lleva la delantera al izquierdo en cuanto a maduración, por lo que aún les cuesta entender de lógica o de tiempo cronológico y siguen siendo guiados más por las emociones que por la razón. Imagínate qué complicado es para un preescolar tratar de entender explicaciones abstractas y consecuencias complejas cuando es su propio cerebro el que los limita. Los padres a veces se quejan de que los niños no les contestan, los ignoran o parecen distraídos cuando los están 'disciplinando' y creen erróneamente que este comportamiento es deliberado pero no lo es; la criatura de verdad no comprende todos los argumentos lógicos que les dan sus padres y por eso parece que no presta atención o no asiente. Conectar con las emociones del niño es lo que debemos hacer siempre como primera medida, ese es el lenguaje que todos comprendemos, si pretendemos disciplinar de manera consciente, empática y respetuosa. **El único lenguaje que entiende el niño desde muy pequeño es el del afecto.**

Estas razones también explican uno de los motivos por los cuales los preescolares sienten las emociones de una manera intensa y consecuentemente las expresan con mucho énfasis. En varias ocasiones la falta de "traducción" del cerebro neocortical provoca los estallidos emocionales y a medida que vaya madurando y funcione de manera integrada y óptima tus hijos estarán más capacitados para entender consecuencias, ser más empáticos y regular mejor sus emociones sin tanta mediación de sus figuras de apego.

Todo lo anteriormente desarrollado nos enseña que no se le puede exigir empatía a una criatura de un año "préstale tu juguete que tu amiguito está triste", eso tu hijo no lo comprende como lo haría un adulto, si puede conectar a nivel básico por medio de las neuronas espejo pero pedirle un nivel de empatía más profundo es exigirle demasiado. Tampoco podemos pretender que un preescolar nos responda con lógica de adulto cuando está siendo dominado por sus emociones o que comprenda que ese juguete que le prestó a otro niño regresará en "diez minutos" o que sus respuestas sean absolutamente sensatas. Tampoco podemos asumir que es egoísta o caprichoso o que nos ignora cuando le explicamos la gravedad de sus acciones; simplemente la zona del cerebro que se ocupa de esas actitudes aún no está del todo madura ni las conexiones del todo establecidas. Exigirle pensar y regular sus emociones como un adulto es una injusticia, un despropósito anatómico y fisiológico. Los padres debemos comprender, a partir de lo expuesto, que las conductas de los hijos la mayoría de las veces no son actos voluntarios y planificados sino que están regidas por el desarrollo y la maduración cerebral que se da de manera lenta y por medio de continuos intercambios con el medio y con el mismo cerebro. Es así que en la primera infancia el autocontrol depende en gran parte de la guía amorosa y paciente de padres y cuidadores, por medio del ejemplo vivo.

Debido a que los circuitos del cerebro primitivo maduran pronto y los del cerebro cognitivo-ejecutivo más tarde es nuestra tarea fomentar y facilitar que nuestros hijos accedan a diferentes y variadas experiencias acordes a la etapa que estén atravesando, las cuales, junto con factores genéticos, serán vitales en las distintas edades para conseguir un desarrollo cerebral óptimo. Las experiencias modifican la estructura del cerebro a lo largo de toda nuestra vida pero la etapa en la que hay más neuroplasticidad[1] es la primera infancia. En los recién nacidos las experiencias sensoriales, emocionales y sociales son indispensables para modelar los circuitos del nivel inferior de manera óptima y luego a medida que van creciendo serán necesarias y decisivas otro tipo de experiencias más complejas para que la arquitectura cerebral superior evolucione de la mejor manera posible. (National Scientific Council on the Developing Child, 2007). Las experiencias que les facilitamos a nuestros hijos dependen muchísimo del tipo de crianza que aplicamos en el seno del hogar: si criamos de manera monótona, limitada, negligente, siempre en los mismos espacios y lugares, aislados, todo el día en una cuna o un corralito los mapas mentales que se formen serán mucho menos prometedores que si los dejamos explorar, fomentamos el juego libre, no los limitamos continuamente, los sacamos a pasear, los dejamos ensuciarse, los acompañamos emocionalmente y les ofrecemos un lugar seguro donde anclar.

Berrinches voluntarios versus estallidos emocionales involuntarios

Cada madre y padre conoce a sus hijos de pies a cabeza. Sabemos todo sobre ellos, conocemos sus gestos cuando están cansados o se sienten hiperestimulados, nos sabemos

---

[1] Neuroplasticidad: "Potencialidad del sistema nervioso de modificarse para formar conexiones nerviosas en respuesta a la información nueva, la estimulación sensorial, el desarrollo, la disfunción o el daño" (Garcés-Vieira y Suárez-Escudero 2014, 119).

de memoria sus frases y preguntas típicas, su color favorito. Si se toca el pelo es que tiene sueño, o si empieza a tirar juguetes agresivamente es que necesita irse de ese lugar.

Por ende mientras que en algunas oportunidades es notorio que los niños no pueden controlar sus emociones ni su propio cuerpo, aun cuando lo intentan, en otras, si satisfacemos sus deseos, las lágrimas y los gritos se detendrán como por arte de magia. Entonces, más allá de que siempre debemos conectar, respetar, reconocer y validar las emociones como un primer paso en la gestión de los conflictos con nuestros pequeños, es necesario aprender a distinguir entre estos dos tipos de rabietas para poder guiarlos con límites saludables y no caer en una parentalidad excesivamente permisiva, que es casi igual de perjudicial que una negligente, recordando siempre que el cerebro está en pleno desarrollo.

En este sentido, la Dra. Payne Bryson y el Doctor Daniel Siegel (2011) mencionan en su libro *"The Whole-Brain Child" (El Cerebro del niño)* dos tipos de rabietas: las del cerebro superior racional (neocórtex) y las del cerebro inferior (primitivo-amigdalar). Para comprender la diferencia les daré un par de ejemplos:

· Ejemplo de berrinche voluntario del cerebro superior:

Juanjo, de cuatro años quiere comer un helado. Ya se ha comido uno en la mañana pero quiere otro, su madre le dice que no va a comprarle helado porque él sabe que solo puede comer uno por día y le ofrece otros snacks que tiene, entonces Juanjo empieza lloriquear diciendo "que injusto, quiero un helado" y se tira al suelo. Su madre cede, le dice que le comprará el helado y el gimoteo se detiene en el acto y se transforma en una sonrisa. Este es un claro ejemplo de un berrinche voluntario, dominado por su cerebro superior (neocórtex): el niño sabe lo que está haciendo; su reacción no fue manejada por sus emociones sino que decidió voluntariamente lloriquear y tirarse al suelo para obtener algo que sabía estaba violando las normas del hogar.

Que Juanjo actúe de esta manera no significa que sea malo, calculador o que lo haga para dañar; simplemente está buscando obtener algo que le da placer, bienestar, felicidad y todos los seres humanos buscamos lo mismo, la diferencia es que como adultos tenemos (o deberíamos tener) otras formas de ir tras eso que nos da placer entendiendo que no siempre podemos hacer lo que queremos (retrasar una gratificación) y controlando nuestros impulsos cuando algo no sale como queremos: dos aspectos fundamentales de la autorregulación. Para ayudar a gestionar estos berrinches voluntarios también debemos ser empáticos: primero, "entiendo que quieras comer un helado, los helados son muy ricos, a mi me encantan" y luego explicar las razones de la negativa tratando de no contradecirnos y manteniéndonos firmes en nuestra decisión, utilizando los límites y normas del hogar. Este tipo de rabietas serán más comunes entre los tres y los cuatro años, edad en la cual el niño está mucho más adaptado a su entorno y las normas que lo rodean y su cerebro le permite poder montar una situación controlada porque comprende que puede obtener lo que quiere si lo hace.

· Ejemplo de estallido emocional involuntario del cerebro inferior:

Amy de dos años está en el parque. De repente ve una muñeca en un cochecito, la agarra y se pone a jugar con ella. Una niña que estaba en el tobogán se acerca y le saca la muñeca de sus manos. Amy comienza a llorar con mucha fuerza gritando "mía, mía", se pone roja y aunque su papá intenta calmarla y le ofrece otro juguete, ella no puede parar de gritar y moverse violentamente. Empieza a perseguir a la niña y tironear de la muñeca totalmente fuera de sí. En este ejemplo estamos claramente ante un estallido emocional involuntario los cuales son absolutamente diferentes a los berrinches voluntarios. En estos casos la criatura está dominada por su cerebro inferior, fuera de control a nivel emocional e incluso corporal. Le es realmente imposible recurrir a su cerebro racional por lo que en ese momento no entenderá ni de lógica, ni de consecuencias. Para ayudar a gestionar estos estallidos involuntarios debemos primero conectar con nuestro hijo a nivel emocional, ser empáticos y si la criatura lo permite ofrecerle afecto físico o si hay posibilidad de lastimarse o lastimar a otros separarlo físicamente de la escena. En algunas oportunidades, cuando el cerebro primitivo toma el mando, la respuesta natural es la de la lucha; por ese motivo verás que tu hija patea o tira manotazos y quizá no acepte un abrazo o una caricia. Es importante respetar esa decisión. Lo que podemos hacer es recurrir a las palabras y mantenernos cerca de ella mostrando disponibilidad afectiva por si nos necesita. Muchas veces cuando empieza a bajar la reactividad será la propia niña la que busque los brazos de mamá. Cuando se muestre un poco más tranquila es recomendable contarle qué ha sucedido. También es importante explicarle que lo que pasó es normal, graficando de manera muy simple y didáctica cómo funciona nuestro cerebro. Cuando me percaté de que mi hijo mayor había alcanzado cierto nivel de pensamiento lógico, empecé a contarle cómo a veces su cerebro era el culpable de sus impulsos y reacciones y esto le sirvió muchísimo para regularse, además ya no se sentía culpable porque la culpa a veces nos hace más reacios a colaborar para terminar un conflicto porque sentimos que se están metiendo con nuestro ego.

El libro que cité en los párrafos anteriores, "El Cerebro del niño: doce estrategias revolucionarias para cultivar la mente en desarrollo de tu hijo", plantea una serie de estrategias prácticas y claras para ayudar a integrar el cerebro de manera vertical (primitivo-límbico con neocórtex) y de manera horizontal (hemisferio derecho e izquierdo). Recomiendo absolutamente esta lectura ya que cuenta de manera muy amena, clara y con los últimos avances en neurociencia, cómo los padres podemos ayudar a nuestros hijos a regular sus emociones a través de la compresión del funcionamiento del cerebro logrando que este trabaje en conjunto, de forma equilibrada e integrada ya que, como vimos, en la primera infancia los niños están dominados por su cerebro primitivo y su hemisferio derecho. Debo aclarar de paso que Daniel Siegel es uno de mis principales gurús en crianza y también en *mindfulness*; sus investigaciones son fascinantes y sus charlas magníficas. Él ofrece cursos de capacitación para padres en su sitio web (www.mindsightinstitute.com), yo he tomado un par de cursos en su instituto (hasta la fecha solo están disponibles en inglés). Sus libros también son una maravilla y hay varios disponibles en español. Otro autor que recomiendo para comprender el desarrollo del niño desde la neurociencia es Álvaro Bilbao y su libro "El Cerebro del niño explicado a los padres".

Sanar la herida del hermano mayor

Para finalizar con la cuestión de los desajustes emocionales (¡tranquila(o)!, aún falta un capítulo entero de estrategias y consejos) no quería dejar pasar un tema muy recurrente que casi nunca tenemos en cuenta y es cuando los hermanos mayores (que aún siguen siendo niños) deben afrontar la llegada de una hermanita o un hermanito y en ocasiones lo hacen desde los estallidos emocionales.

Me ha pasado muchas veces que a las consultas llegan padres comentándome que su hija o hijo mayor (en general aun preescolares) está más irritable, enojado, frustrado, llora y grita todo el tiempo, quizá ha vuelto a necesitar pañales, a veces hasta me dicen que tiene rabietas que parecía ya había superado y yo las invito a reflexionar sobre estas frases para que tomen conciencia de cuántas veces al día las usan con sus hijos mayores: "no hagas ruido, que la bebé duerme", "ahora no puedo que la bebé quiere teta", "no puedo atender a los dos al mismo tiempo y ella es más chiquita, tienes que esperar".

Si estás en esta situación te invito a tomar consciencia sobre cuantos "NO" le estás cargando en la espalda a tu hijo mayor. Revisa el vocabulario que usas, tus acciones y tus omisiones, recuerda que tu hijo mayor también te necesita y que está poniendo todo de su parte para que su hermanito/a pueda estar contigo, pero te extraña.

Para el hermano más grande, que a veces es aún también un bebé, esta llegada ha implicado un gran cambio en su vida y quizá por eso esté pasando por una etapa de explosiones emocionales más exacerbadas o llore más. Está procesando el duelo de "mamá solo para mi". Y ¿qué hacemos cuando alguien que amamos está atravesando por un duelo?: acompañamos, apoyamos, damos amor y consuelo. Eso es lo que debemos hacer con nuestros hijos mayores aunque parezca una tarea titánica. No les exijamos actitudes o prácticas que no corresponden a su edad, no les carguemos responsabilidades que no deben tener, no los pongamos a cargo de sus hermanos: ellos y ellas son aún niños.

Lo he vivido en carne propia porque desde que nació mi segunda hija sentí que tuve que empujar un poquito al mayor para madurar más rápido. Él todavía era un bebé de veintidós meses y yo le decía cosas como: *"camina un rato solito porque tengo que cargar a tu hermana que es más chiquita"*. Cuando ella ya tenía dos años seguía siendo un poco complicado para mi poder dividirme entre los dos porque aún estaba muy pegada a la teta y porque se ponía muy celosa cuando su hermano me abrazaba o quería estar encima mío y todavía era muy pequeña para entender algunas cosas, entonces mi hijo mayor ya con casi cuatro años se frustraba bastante y tenía que ceder. A mi me partía el alma su mirada en esos momentos porque en lugar de quejarse o llorar él, resignado, se movía de mi regazo y se sentaba a mi lado siempre compartiendo a mamá. Me di cuenta de cuán injusta estaba siendo. La pequeña en ese momento tenía la misma edad que él cuando ella nació y eso me movilizó porque ella ante mis ojos seguía siendo bebé pero cuando él tenía esa edad lo trataba como a un niño más grande. Entonces quise hacer algo para compensar un poco las cosas y le pedí a mi marido que tuviéramos más en cuenta esas necesidades del mayor, manteniéndonos atentos para que él no tuviera que ceder continuamente y para que no se sintiera desplazado y nos resultó muy bien gracias a Dios. Trabajamos en equipo y cuando mi hijo solicitaba mi presencia y la bebé podía estar en otros brazos mi esposo lo gestionaba. Quizás debía sacarla a pasear o llevarla a otro cuarto, lo hacía así y ninguno de los dos niños lo pasaba mal. Otra idea que se me ocurrió y que aplico hasta el día de hoy fue la de priorizar tiempo a solas con mi hijo mayor mediante un tiempo especial entre él y yo para conectar sin interrupciones y para que no tenga que compartir a mamá siempre. En un capítulo anterior lo menciono cuando hablo de nuestras 'citas especiales a solas'. De igual manera, ahora que ambos están más grandecitos he incorporando también una cita a solas con mi hija menor, porque ella igual requiere un tiempo a solas con mamá ya que siempre me ha compartido. Su hermano me tuvo para él sólo veintidós meses pero ella desde el día uno me comparte.

Si te encuentran en esta situación y te has identificado con mi relato te pido que no te sientas culpable, todas en nuestra humanidad cometemos errores; lo importante es tener en cuenta mi regla de las 3R: recapacitar, reconocer y reparar.

Disciplina y disciplina punitiva

La herencia del caos

"Recuerdo escuchar los tacones de mi madre acelerados, sus gritos y sus insultos. El sonido de los tacones aún hoy me da escalofríos. En una de las tantas veces que ella me pegó estaba escondido dentro del armario. Sabía que esta vez iba a ser de las peores porque no le hice caso y al jugar con su perfume lo rompí. Recuerdo mi corazón latiendo rápido, recuerdo el olor a miedo. Me sentía sucio y malo" - Joaquín, cuarenta años.

Cuando un niño pega a otro niño, o un adulto pega a otro adulto, o un niño pega a sus padres decimos que eso es violencia; sin embargo, cuando un padre le pega a su hijo no decimos nada porque cada quién "disciplina como quiere". Eso no es disciplina, es abuso y todos deberíamos levantar la voz por aquellos que no pueden hacerlo. La violencia es terrible en cualquiera de sus formas, pero la violencia contra una criatura inocente e indefensa es aún más vil e inhumana. Está socialmente aceptado golpear niños, sin embargo golpear adultos es caratulado como violencia.

Los niños son especialmente vulnerables, están formando su carácter y madurando. Con golpes y gritos los estamos hiriendo profundamente y de por vida. "Es que me agota la paciencia", me dicen. Lo entiendo, pero tú eres el adulto, busca ayuda, haz terapia, trabaja en tus limitaciones. A diario leo y escucho comentarios a favor de "la nalgada a tiempo" con la excusa de "a mí me pegaron y salí normal". Pues la violencia no se justifica, bajo ningún punto y a un padre que la ejerce en repetidas ocasiones y que no pone empeño en buscar alternativas deberían separarlo de sus hijos porque hay evidencia científica de sobra acerca de la asociación que existe entre la violencia física y verbal con problemas en el crecimiento, desarrollo y la salud mental de los niños.

Criar hijos a base de miedo y no desde el amor y el respeto es uno de los grandes motivos por los cuales el mundo es un lugar en el que sigue reinando la agresividad y la injusticia. Normalizar la violencia intrafamiliar es avalarla en cualquier otro nivel y en cualquier escenario: debemos cortar el ciclo. Los humanos somos los animales más crueles y a lo largo de la historia hemos hecho atrocidades, hasta genocidios, por lo que es extremadamente curioso que a pesar de que hemos evolucionado y que tenemos un cerebro racional y emocional aún no consigamos disciplinar a nuestros hijos sin recurrir a la violencia: en esa área no hemos avanzado mucho en términos generales, aunque sí ha empezado a tener un rol más protagónico en diferentes países el bienestar global del niño.

Lo paradójicamente cruel es que está demostrado por cientos de investigaciones y estudios que el castigo físico no es la manera más efectiva de enseñar consecuencias positivas; se basa en el miedo y hace daño (García Correa y García Martínez, 2009). A pesar de todo, este tipo de estilo disciplinario sigue siendo utilizado por una gran cantidad de familias en todo el mundo. Los padres que castigan, golpean y humillan a sus hijos les destruyen la vida. Estos niños crecen creyendo que no tienen ningún valor como seres humanos y que merecen ser castigados o maltratados porque "se portan mal" o porque "son malos". Este estilo parental tiene innumerables efectos negativos en los niños a nivel emocional y social como: dependencia emocional, dificultades para la socialización, baja autoestima y depresión, entre otros (Girardi y Velasco, 2006). Estas criaturas tienen tendencia a ser impulsivos, inadaptados y agresivos hacia sus pares (Arranz et al., 2004) y luego son tildados de bravucones: ¿cómo pretendemos que no lo sean si son criados a los golpes y nadie hace nada al respecto? Como si esto fuera poco, no hay evidencia alguna de que genere algún tipo de beneficio (Gershoff, 2002). Cuando observas a un padre o una madre golpear a sus hijos y no dices nada eres parte del problema. Cada familia educa como le parece pero la violencia es abuso y el abuso es un delito: como tal, debe ser erradicado.

La disciplina punitiva es culturalmente aceptada y utilizada en alguna de sus formas por muchas familias, lamentablemente, debido a la creencia de que es la mejor opción para criar hijos "bien portados" u "obedientes". En algunos casos los cuidadores no saben que existen otras opciones o aun sabiendo prefieren no invertir tiempo personal en investigarlas. "Yo no tengo todo el día para sentarme a hablar con mi hijo", "no le voy a andar dando explicaciones a una criatura que no entiende nada". La perpetuidad de la disciplina coercitiva es una herencia que se sustenta en la terrible y equivocada idea de que un niño que no hace lo que sus padres le exigen, no cumple con sus expectativas o se porta "mal", sólo puede ser corregido desde el abuso físico, psicológico o verbal. Si uno no tiene tiempo ni ganas de criar con respeto tiene que plantearse muy seriamente si debería seguir procreando o buscar "el hermanito"; hay que dejar de traer niños al mundo por puro egoísmo.

Si alguna vez has recurrido a gritos o nalgadas y te sientes culpable, no es mi intención castigarte, condenarte o humillarte. Nunca justificaré tal acción, pero puedo comprender que llegamos a la maternidad y la paternidad con escasa o nula preparación y autorregulación emocional, sumado a paradigmas arcaicos instalados de los cuales es difícil despegarse o dimensionar sus efectos hasta que tienes a tu criatura en brazos. Lo fundamental es que tomemos conciencia de que pegar y gritar está mal, que pidamos perdón por haberlo hecho y que busquemos ayuda y herramientas para no volver a repetirlo: este libro es una de ellas así que te felicito por ello, estás en la senda correcta. Un golpe aislado puede lastimar mucho pero no tira por la borda todo tu amor y entrega, estás a tiempo de parar ya y para siempre. No vuelvas a hacerlo. Recuerda mi regla de las 3R: recapacitar, reconocer y reparar. Haz hoy la promesa más importante de tu vida: **NUNCA** y bajo ninguna circunstancia le pegues a tu hijo o respondas a un golpe con otro golpe, grábalo, haz un cuadro, hazte un tatuaje que lo simbolice. Es hora de que los humanos dejemos de ser "hijos del rigor" para pasar a ser "hijos de la paz".

¿Qué es disciplina?: volviendo a los orígenes

"La disciplina efectiva se basa en la creencia de que los niños nacen innatamente buenos y que nuestro papel como padres es nutrir sus espíritus a medida que aprenden acerca de los límites y barreras, en lugar de frenar sus tendencias hacia lo incorrecto. Supone que los niños tienen razones para su comportamiento y que mediante la cooperación se pueden resolver problemas compartidos" - Peggy O'Mara.

La palabra disciplina tiene una connotación negativa y pareciera quedar totalmente fuera de la crianza respetuosa. En general se la relaciona con el control, el castigo, el dominio del más poderoso. Por ello, pensar en una "disciplina respetuosa" parece una contradicción. Pero si nos remitimos a las raíces etimológicas de la palabra nos daremos cuenta que la hemos cargado de significados negativos; pueden buscarla en diccionarios de diferentes idiomas y verán cómo varían los significados y cuánto se alejan de su origen.

La procedencia de la palabra *disciplina* viene del latín y significa *enseñar, educar, formar.* Comparte la raíz con la palabra discípulo, que significa estudiante y que a su vez proviene de *discere* que quiere decir "aprender". En definitiva, disciplina tiene que ver con un proceso de enseñanza- aprendizaje y no una relación basada en imposiciones, restricciones y limitaciones individuales, en beneficio de unos. Podemos disciplinar (enseñar, educar) con respeto, empatía y con una actitud de atención plena.

A su vez, la palabra *estudiante* se origina a partir de *studere* que significa esfuerzo. Cuando el objetivo de la disciplina deja de ser propiciar las condiciones ideales para que el discípulo, esfuerzo mediante, pueda aprender, transformándose en sanción o castigo como mecanismos de control e imposición del "aprendizaje", se pierde y diluye el verdadero significado e implicancias de la palabra disciplinar.

Es decir, tenemos dos opciones: podemos enseñar que nosotros, los adultos, estamos al mando y que los hijos deben ser sumisos por medio de premios y castigos, de golpes, de gritos, de aislamiento y de vergüenza. O podemos enseñar, formar y guiar de una manera humanizada y respetuosa con énfasis en propiciar el ambiente ideal para el aprendizaje y los vínculos de conexión, tratando de identificar los motivos o las causas que desencadenaron un comportamiento no deseado o peligroso, manteniendo una actitud amorosa, posibilitando el diálogo y una apertura a la modificación de las normas en consenso, anteponiendo ante todo la dignidad del niño, buscando su cooperación y tratando de resolver problemas.

Si pretendemos que las estrategias de disciplina sean efectivas, estas deben darse por medio de una relación en la que los niños se sientan amados y seguros en función de las respuestas de sus padres, al tener la certeza de que hay un adulto responsable cuidándolos, lo cual tendrá un impacto positivo en la valoración que desarrollen de sí mismos (Sáenz-Lozada et al., 2014).

"(...) La familia es la unidad social que permite a sus miembros crecer y desarrollar sus capacidades, su potencial y las habilidades necesarias para lograr su autonomía; pero también puede ser un lugar de desconsuelo, arbitrariedad y abandono. En este espacio relacional se realizan los aprendizajes sociales básicos: la aceptación de la diferencia y de la autoridad, el respeto de las reglas, la tolerancia a la frustración, la experiencia del compromiso y la negociación. Se trata de aprendizajes que se realizan primariamente en familia a través de relaciones de amor (...)" - Perrone y Nannini, 2007.

Partiendo de estas afirmaciones he desarrollado un modelo de disciplina que he denominado "Disciplina C.E.R." (consciente, empática y respetuosa) que desarrollaré a continuación.

La disciplina C.E.R.

Lineamientos y bases de la disciplina C.E.R.

- Se considera que los niños son activos en su aprendizaje por medio del diálogo y la observación. Mediante una comunicación consciente y fomentando la exploración intentamos que la criatura sea protagonista de su aprendizaje. De este modo desarrolla su autoestima, aprende a autorregularse y a cooperar.
- No solo se enseña el "qué" sino también el "por qué" y el "para qué": así se favorece el pensamiento crítico y reflexivo, la cooperación, el diálogo, la responsabilidad sobre nuestras acciones y en un futuro el auto-control.
- La disciplina C.E.R. es no-punitiva: no se "corrige" por medio de castigos amenazas, gritos, golpes, aislamiento ni vergüenza. Se disciplina con respeto solo mediante el diálogo, los límites

y las consecuencias que protejan la integridad física, emocional y mental del niño y del círculo social que lo rodea; límites tendientes a no coartar la libertad y la curiosidad innata.
- El modelo de disciplina C.E.R. pone el foco en quitarle cargas innecesarias al niño al despojarlo de la obligación de tomar decisiones para las cuales no está preparado por medio del estímulo de la curiosidad en un contexto seguro.
- Las consecuencias se explican con anticipación.
- El adulto se manifiesta en todo momento abierto al diálogo desde la no violencia.
- La disciplina C.E.R. es bidireccional. Los padres por momentos pasamos de educadores a *discipulus* cuando nuestros hijos, mediante su visión y análisis de la realidad sin filtros, nos enseñan grandes lecciones de vida. Debemos estar atentos y abiertos a estas situaciones.
- Por medio de la implementación de este modelo se pretende "cultivar la habilidad de rechazar la autoridad irracional de ser necesario" (Kenward, 1960).
- La Disciplina C.E.R. no es rígida e irá mutando según los hijos vayan madurando cognitiva y emocionalmente, pero los pilares de la atención plena, la empatía y el respeto serán siempre los cimientos de este modelo.
- Se intenta que la cooperación por parte de los hijos nazca de los vínculos de conexión formados y desde la confianza con sus figuras de apego (cero a tres años) y además porque comprenden

que determinadas acciones pueden ser peligrosas, injustas o crueles (tres-cuatro años en adelante).
- La disciplina C.E.R. conlleva una relación de afecto entre padres e hijos basada en el amor y el respeto mutuo.

Las normas:

- Deben ser principalmente de convivencia, pocas y claras, ya que cada una de ellas es un punto potencial de conflicto familiar, por lo que se recomienda limitarlas a las más importantes, dejando lugar para el consenso y la exploración.
- Se promueven desde una mirada democrática, es decir, procurando que estas puedan ser modificadas mediante el diálogo y la argumentación tanto de padres como de hijos.
- Se elaboran, ejecutan y evalúan haciendo partícipes a los niños y niñas, teniendo en cuenta las percepciones y justificaciones ligadas con su forma de comprender las reglas (Plascencia González, 2009).

Los padres o figuras de apego:

- No imponen autoridad sino que facilitan la evolución progresiva de los hijos, que va del control externo al autocontrol.
- Se preocupan por saber lo que sus hijos piensan, sienten, necesitan o creen para poder reparar malos entendidos.

- Tienen en cuenta y comprenden el desarrollo evolutivo del pensamiento de los hijos para la creación, justificación y razonamiento de los límites y consecuencias.
- Les ofrecen a sus hijos herramientas y experiencias para que puedan discernir lo bueno y lo malo a partir de la formación de su propio criterio.
- Están atentos para guiar y orientar a sus hijos cuando ellos lo requieren.

Los cuatro pilares de la disciplina C.E.R.

1. Garantizar la integridad física, mental y emocional de los hijos:

La disciplina respetuosa no es sinónimo de dejar hacer al niño lo que quiere si sus acciones implican peligro, como por ejemplo la manipulación de objetos afilados, caminar por una cornisa, estar en la playa al mediodía sin protección solar, dejarlos quedarse despiertos toda la noche, jugar con fuego, y mil cosas más que suceden cotidianamente. Esto no significa que debamos castigar dichos comportamientos sino prevenirlos y gestionarlos con respeto y a partir de los límites oportunos. Las reglas de seguridad vial y otras concernientes al orden y el bienestar, deben respetarse.

2. Respetar a otras personas, animales y seres vivos:

Si las acciones o palabras de nuestro hijo hieren, lastiman o intimidan a otras personas, no deben ser toleradas y han de ser redireccionadas: no usamos la agresión para obtener algo, ni atrapamos animales ni cortamos plantas porque si. Cuando vamos a algún lugar que tiene reglas internas debemos seguirlas si queremos permanecer allí. Nuestros hijos están continuamente aprendiendo y necesitan una guía que les enseñe que sus derechos terminan cuando comienzan los de otros y que para vivir en sociedad es necesario seguir algunas normas de sana convivencia, teniendo siempre presente que la gran mayoría de las veces que un niño es violento o lastima a otra persona, animal o planta lo que en realidad está buscando es atención porque alguna o varias de sus necesidades no están siendo satisfechas.

3. Respetar los materiales y espacios comunes:
Tratamos de no desperdiciar comida, no rayamos paredes ni rompemos juguetes adrede. Podemos tocar objetos a nuestro alcance pero respetamos la propiedad de otros. Arrojamos la basura en los cestos. A veces aplastar puré con las manos o dibujar en el suelo puede favorecer nuevas experiencias y fomentar la creatividad por lo que estas normas no deben ser rígidas sino que deben adaptarse y modificarse si se hablan y se discuten con antelación para clarificar los límites y los materiales que usaremos. Cada familia tendrá sus propias normas de convivencia.

4. Incentivar y fomentar el diálogo basado en la comunicación consciente, empática y respetuosa.

Dimensiones de la disciplina C.E.R.

"C" de consciencia (atención plena): siendo el adulto que necesitaste de niño(a)

La palabra "consciente" está en boca de todo el mundo y se utiliza continuamente en muchos ámbitos, incluida la crianza y la disciplina, pero de manera ambigua y no siempre desde lo que el constructo[1] significa en términos científicos. *Consciencia y conciencia*[2] no son intercambiables en todos los contextos, más sin embargo a veces se utilizan de manera indistinta, diluyendo o alejándose de lo que en realidad la crianza consciente propone. Tener conciencia no es lo mismo que ser consciente.

Cuando yo hablo de "consciente" me estoy refiriendo específicamente al *mindfulness*, traducido al castellano

---

[1] Constructos o conceptos no observacionales: conceptos que sobrepasan la observación empírica y muchas veces expresan supuestos teóricos. - Prof. Nuria Cortada de Kohan

[2] Conciencia se relaciona con un sentido moral de distinguir entre lo que está bien y está mal. Consciencia se relaciona con el ser, con el conocimiento interior y la percepción.

como "atención plena o consciencia plena", por lo que hablar de crianza o disciplina sin *mindfulness* no es consciente. Puede ser muchas otras cosas, pero no es lo que se entiende y se estableció desde un principio y con base científica como crianza consciente (mindful parenting).

Quienes introdujeron una primera aproximación de esta manera de abordar la crianza y la vida fueron Jon y Myla Kabat- Zinn a través de varias publicaciones científicas y especialmente de su libro "Everyday Blessings: The Inner Work of Mindful Parenting", allá por el año 1997. Jon es extremadamente conocido y respetado en el ámbito científico por haber sido el primer impulsor como investigador, autor y promotor del *mindfulness* en Occidente.

Entonces cuando me refiero a la crianza consciente o "mindful parenting" lo hago enmarcada en la propuesta de dichos autores quienes conceptualizaron y le dieron forma a este nuevo paradigma en la manera de abordar y vivenciar la crianza de los hijos. El mindful parenting se define como "prestarle atención a tu hijo y a tu crianza de un modo particular: de forma deliberada, en el momento presente y sin juzgar" (Kabat-Zinn y Kabat-Zinn, 1997). En este libro no voy a profundizar mucho sobre crianza consciente; lo que voy a abordar, de la mejor manera posible, es cómo incorporar sus principios en mi modelo de disciplina.

- Atención plena: los cimientos.

"Ser padres es una de las tareas más desafiantes, exigentes e incluso a veces estresantes que existen y al mismo tiempo una

de las más importantes ya que la forma en la que se realiza influye en la conexión que los hijos experimentan con la vida, en su repertorio de herramientas vitales y en sus sentimientos hacia ellos mismos y hacia su lugar en el mundo"- Jon Kabat Zinn.

Vivimos haciendo cosas: pasamos del trabajo al gimnasio y del gimnasio a unas copas con amigos y de allí al "after"… y en el camino nos olvidamos de vivir cada experiencia con plenitud y atención. En la crianza pasa lo mismo; por momentos nos volvemos máquinas, nos ponemos en piloto automático. Amanecemos temprano, mal dormidos, tenemos que bañar a los niños, prepararlos para sus actividades, hacer el desayuno, dejar todo listo, llevarlos a la escuela o irnos a trabajar o hacer la compra, las actividades extraescolares, las reuniones de padres y el whatsapp que nunca para. Miles de pensamientos simultáneos atraviesan nuestra mente continuamente. Tanta actividad, tantos pensamientos nos alejan de la experiencia presente, nos hacen dejar de enfocarnos en lo maravilloso y simple de la vida, nos transforman en robots nublando la capacidad que tenemos de sorprendernos con las maravillas que nos rodean. Esto también influye en nuestro bienestar que es complejo y que está conformado por muchas dimensiones y no solo por lo material; funcionamos con la atención dispersa.

¿Hace cuánto que no sales al balcón a ver un atardecer?, ¿hace cuánto que no te sientas al lado de tus hijos sin tu móvil y tan solo observas sus caras, sus gestos, su juego?, ¿hace cuánto que no juegas con ellos sin estar pensando en que se acabe rápido y en lo que harás después? Vivimos en una desconexión total con respecto al momento presente y a los seres que nos rodean y eso debe cambiar. Nos provoca ansiedad sentarnos un momento a 'no hacer nada', a estar solo con nosotros mismos y nuestro momento presente. Nos da tanta ansiedad que ni siquiera podemos ir al baño sin el móvil o, al menos, una revista. Vivimos *futurizando* y contando los minutos para que nuestros hijos crezcan sin caer en la cuenta de que su niñez y cada etapa de sus vidas nunca regresará, que en un abrir y cerrar de ojos sus piernitas regordetas de bebé ya no estarán y que sus dientes comenzarán a caer. Es indispensable dedicar tiempo a un trabajo introspectivo de autoconocimiento desde la atención plena, aceptando y tomando distancia de nuestros pensamientos sin juzgar ni valorar continuamente todo lo que sucede desde la reacción automática. No podemos ser guías de nadie si no nos conocemos a nosotros mismos, nuestros límites, virtudes y disparadores emocionales.

Nos encontramos ante tres problemas básicos que debemos trabajar para una maternidad/paternidad consciente: la falta de autoconocimiento y autorregulación emocional, la escasez de herramientas para gestionar las emociones de los niños de manera pacífica y respetuosa y la incapacidad de vivir el presente enfocándonos continuamente en el futuro o en el pasado; la herramienta por excelencia para abordarlos todos es el *mindfulness* o atención plena.

Mindfulness es la traducción al idioma inglés del término pali "sati" o "smrti" en sánscrito y ha sido traducido al castellano como atencion plena o consciencia plena. Se define como la consciencia que emerge al prestar atención de forma intencional, en el momento presente y sin juzgar (Kabat-Zinn, 2009) siendo una capacidad humana básica y universal que nos permite ser conscientes de los contenidos mentales momento a momento (Simón, 2007). Lo importante es que al ser universal y básica puede ser entrenada: todos podemos mejorar en nuestra capacidad de atención plena. Hay muchísimas definiciones de *mindfulness* y varían según el enfoque (práctica, constructo, o proceso psicológico) pero voy a dejarles dos la de Thich Nhat Hanh, que es mi favorita, y la mía:

"Mindfulness es la energía de estar consciente y despierto en el momento presente. Es la práctica continua de tocar la vida de manera profunda en cada momento." - Thich Nhat Hanh.

"La atención plena es la capacidad entrenable e inherente al ser humano, de disminuir la duración y la frecuencia de la dispersión mental atendiendo de manera deliberada y por medio de un anclaje a los contenidos mentales, sensaciones y emociones del momento presente, distanciándose de los mismos, aceptándolos amablemente y redireccionando la atención al ahora oportunamente. Implica una actitud altruista"- Ana Acosta Rodriguez, 2019.

Mindfulness no es solo "estar atentos al momento presente" sino que implica una intención específica (curiosidad, amabilidad), así como la aceptación de la experiencia presente aun aquella que no es placentera (Shapiro, Carlson, Astin y Freedman, 2006). Tampoco significa que debamos erradicar de nuestra vida el futuro y el pasado porque son parte de nuestra condición humana y porque poder futurizar es una forma de planificar proyectos y objetivos en la vida. El pasado forma parte de quienes somos, nuestra herencia, nuestra historia y la reminiscencia; el recordar algunos de esos eventos es también una fuente de bienestar.

El *mindfulness* como práctica no es algo actual sino que data de dos mil quinientos años, como parte central de las enseñanzas de todas las tradiciones budistas. En la era moderna y en Occidente, lo hemos adoptado y secularizado, por medio del desarrollo y validación de distintas intervenciones basadas en la atención plena como complemento de otras terapias psicológicas. Imagínate que los budistas se percataron de la necesidad de parar y atender el momento presente hace miles de años, cuando la vida era mucho simple y tranquila, con más necesidad es importante aplicar estas enseñanzas en la actualidad en un mundo hiper estimulante, egocentrista y complejo.

¿Qué tiene que ver la atención plena con la disciplina respetuosa y consciente?

Muchas veces, como padres, nos encontramos reaccionando con el mismo nivel de impulsividad que nuestros hijos ante los conflictos que surgen en el hogar y el *mindfulness* nos posibilita relacionarnos con ellos desde la atención, la curiosidad y la aceptación. Esto nos va a ayudar a hacer una pausa, detenernos por un momento, poder observar la situación desde una mayor amplitud, aceptando a nuestros hijos tal y como son para poder controlar mejor nuestros impulsos y respuestas automáticas. Pero disciplinar desde la atención plena no significa que no vamos a experimentar ira, enojo o frustración ante los conflictos, sino que podremos gestionar estas emociones negativas de manera más calma, menos reactiva y más eficaz. En definitiva, vivir una vida desde la atención plena nos permite mejorar nuestra propia regulación emocional y nuestras habilidades para hacer frente al estrés y a los desafíos que implica criar a un preescolar (Duncan et al., 2009).

Entre una acción de nuestros hijos y nuestra reacción como padres hay siempre un diminuto espacio; microsegundos en los que las emociones negativas disparan respuestas fisiológicas que muchas veces no podemos dominar y por las que nos dejamos llevar y la mente en piloto automático nos empuja a realizar juicios de valor sin detenernos a analizar qué está pasando realmente. Entonces, la atención plena nos va a ayudar a enfocarnos en este pequeñito espacio, escanear todos los pensamientos, sensaciones y emociones que surgen simultáneamente y entender que en ese mini espacio entre acción y reacción podemos elegir cómo reaccionar. Esta es una de las claves de la disciplina C.E.R. La práctica del *mindfulness* nos permite entrenar la capacidad de no dejarnos arrastrar por un mar de emociones y pensamientos, al poder generar esta pausa, este análisis de lo que sucede en el momento presente desde el no juicio, desde la aceptación y la amabilidad, poder vernos separados de nuestras emociones y pensamientos, poder enfocarnos en lo que sucede en el mundo interno de nuestros hijos y, al llevar la atención a la respiración antes de reaccionar frente a un conflicto, modular la reactividad.

¿Podría ser que llore y se queje continuamente porque estamos a treinta minutos de su hora de sueño? ¿Puede ser que el insulto lo haya copiado de su papá? Este análisis nos permitirá abordar la problemática con más calma, empatía y objetividad sin sacar conclusiones apresuradas ni juzgar una actitud solo por la acción concreta, lo cual también favorecerá a la cooperación. Para poder conectar de manera profunda con nuestros hijos, es indispensable estar plenamente consciente de sus necesidades, miedos, angustias y deseos, así como también de nuestras sensaciones, emociones y pensamientos.

Voy a poner un ejemplo:

Mi hijo rompe algo que para mi es muy preciado, cuando lo veo me invade la emoción primaria: ira. Todo mi cuerpo, mis neurotransmisores y hormonas se movilizan para generar una reacción que puede ser violencia física o verbal, vienen muchos pensamientos simultáneos y automáticos "era mi favorito, lo ha hecho a propósito, como no ha tenido cuidado, le dije que no lo tocara" y todo eso me empuja a reaccionar gritando algo como: "eres un bruto, siempre rompes todo". Pero elijo otra manera de gestionar el conflicto: antes de perder el control, respiro profundo, trato de calmar mi cuerpo y relajar mi rostro, miro a mi alrededor, me aparto de la escena si es necesario (todo esto en segundos). Me detengo y mientras sigo respirando lento y profundo tomo consciencia de que reaccionar violentamente y sacar conclusiones no es obligatorio, **que tengo el poder**

de controlar y elegir cómo responder. Observo a mi hijo, pequeño, asustado, conecto con su emoción y sigo respirando profundamente, me enfoco en esa respiración. La ira ya no me domina y puedo dialogar con el niño con mis emociones bajo control. "¿Qué ha sucedido?", le pregunto "Quería limpiar tu objeto porque mi hermanita lo había manchado con chocolate y se me ha caído porque es muy pesado", me responde... Y entiendo. Entiendo que fue un accidente y calmadamente le digo "gracias por preocuparte por mis cosas pero la próxima vez pídeme ayuda cuando quieras limpiar mis objetos porque no quiero que se rompan y algunos son muy pesados para ti o hasta peligrosos". El objeto ya está roto; eso no puedo cambiarlo, pero puedo elegir cómo reaccionar y cómo hacer sentir a mi hijo. Cuánto le hubiera afectado si lo hubiera llamado bruto cuando su intención fue hacer algo lindo por mi, ¿no?

Para desarrollar esta habilidad debemos practicar y mucho. La práctica de la atención plena no se limita a un retiro en un monasterio o una actividad estructurada, de hecho, podemos hacerlo en nuestra casa, en nuestro trabajo, en el autobús, mientras caminamos, lavamos los platos, nos damos una ducha, comemos o tomamos un café; si nos enfocamos en hacerlo de manera consciente y prestando atención al presente a través de nuestros sentidos. Aun así, es muy aconsejable, y yo diría que indispensable, ejercitar el *mindfulness* de manera formal por medio de acciones o actividades deliberadas, pautadas y programadas como la meditación en casa o meditación grupal, el tai chi o el yoga.

Para iniciarse en la práctica les recomiendo el libro *"La Paz está en tu interior"*, de Thich Nhat Hanh, el cual contempla muchísimos ejemplos de prácticas informales y es un excelente primer acercamiento. Así mismo, otros grandes referentes de *mindfulness* desde un punto de vista secular y en habla hispana de quienes he aprendido mucho y que se dedican a la investigación y la capacitación, son Javier García Campayo, Ausias Cebolla y Cristián Coo Calcagni. Pueden encontrar material de estos profesionales en internet y en youtube. Por su parte, el Doctor en Genética Celular y monje budista, el francés Matthieu Ricard, quien fue considerado como "el hombre más feliz del mundo" tiene pláticas maravillosas en youtube de las que puedes nutrirte.

Para realizar prácticas formales, concretas y específicas de *mindfulness* o seguir un programa más estructurado (sería ideal al menos uno de ocho semanas con prácticas diarias de veinte minutos, ya que de esta manera se consiguen cambios en la estructura cerebral que son permanentes) sugiero acercarse a un profesional titulado que pueda certificar muchas horas de práctica y capacitación en centros educativos reconocidos oficialmente o en monasterios budistas de linajes antiguos.

Por último, quiero dejar en claro que la atención plena no es la panacea, no es la solución a todos los problemas de la crianza y no funciona para todas las personas de la misma manera. Así mismo, no sustituye ninguna terapia ni tratamiento psicológico concreto, sino que es la herramienta base para complementarlas y, como dije anteriormente, atraviesa todas las dimensiones de la crianza respetuosa. Si nos encontramos con depresión o algún tipo de trastorno el *mindfulness* no es la solución.

- La meditación

"En un mundo de plástico y ruido quiero ser de barro y de silencio" - Eduardo Galeano

La meditación es la técnica más usada para practicar el *mindfulness*, data de miles de años integrada a las tradiciones budistas. En Occidente no fue muy conocida ni muy tomada en cuenta hasta mediados del siglo pasado. Hay muchísimas formas y estilos para meditar que nacen de diferentes linajes budistas y de la adaptación de estos; desde la psicología y la psicología positiva contemplativa en Occidente de manera secular. Por eso, cuando hablo de meditación no solo me refiero a sentarnos en posición de loto repitiendo un mantra en sánscrito. Deberíamos practicar la que mejor nos acomode porque, a fin de desarrollar nuestra habilidad de atención plena lo importante, más que el tipo de práctica, es la constancia. Podemos buscar algún centro budista en nuestra ciudad, introducirnos en la meditación vipassana por medio de un retiro (aunque estos toman diez días y con hijos pequeños no es recomendable ni viable en muchos casos) o en la meditación zen o quizás en la meditación yóguica acercándonos a algún centro de yoga o buscar un profesional acreditado (Máster o títulos de expertos en *mindfulness*, psicólogos con formación oficial en terapia cognitiva basada en *mindfulness* o psicología positiva contemplativa) para que nos enseñe técnicas meditativas y nos guíe en este camino.

Es muy importante comprender que el objetivo de la meditación de atención plena no es dejar de pensar o "poner la mente en blanco", sino observar esos pensamientos que van apareciendo y, a medida que los identificamos, los dejamos ir, como esas ventanas en el explorador de Windows que se abren de golpe y vamos cerrando, evitando que nos alejen del momento presente.

A pesar de que muchos tipos de grupos de meditaciones que en sus orígenes han provenido del budismo o el hinduismo son actualmente movimientos laicos, muchas personas cristianas se sienten incómodas al practicar una técnica con orígenes y fundamentos orientales. Para ellas existe actualmente una comunidad mundial para la meditación cristiana respaldada por el Vaticano a la cual pueden acceder. Este grupo está dirigido por el Padre Laurence Freeman, monje Benedictino con quien tuve el inmenso placer de compartir un retiro. En la WCCM (The World Community for Christian Meditation) meditan por medio de la repetición de un mantra (maranatha) que significa "ven, Señor Jesús" por lo que es un tipo de meditación de atención enfocada. A quienes les interese conocer más sobre la comunidad los invito a leer el libro "Una perla de gran valor", de Laurence Freeman y "El camino de la meditación", de John Main.

- Actitud consciente ante conflictos:

Una manera de ir tomando consciencia de nuestras emociones y los disparadores que nos hacen reaccionar de manera impulsiva y automática es llevar un diario emocional en el cual responderemos las siguientes preguntas luego de enfrentarnos a un conflicto que involucre a nuestros hijos:

- ¿Cómo me siento cuando mi hijo no satisface mis expectativas?, ¿por qué?
- ¿Qué sensaciones corporales me generan los gritos y los llantos?
- ¿Cuáles fueron las posibles necesidades no cubiertas que dispararon su reacción? (sueño, hambre, sobre estimulación, invasión a su privacidad, necesidad de afecto o contención)
- ¿Reaccioné de la forma que hubiera querido?
- Si reaccioné en piloto automático: ¿cuáles fueron los posibles disparadores de mi respuesta ante el conflicto?
- ¿Cómo podría haber sido el desenlace si respondía de manera diferente?
- ¿Qué podría hacer para mejorar mi reacción?

• Recomendaciones prácticas[3] para incorporar el *mindfulness* en la disciplina de los hijos:

- Ante un conflicto, intenta imaginar cómo se siente tu hijo en relación a lo que está sucediendo. Imagina qué es lo que él entiende, percibe y cree de la situación.

---

[3] Algunos de estos puntos han sido inspirados a partir de los propuestos por Kabat-Zinn & Kabat-Zinn, (1997).

- Todos los días, tómate cinco minutos para observar a tus hijos y aceptarlos perfectos tal cual son. Escanea sus cuerpos, presta atención a cada mínimo detalle sin distracciones, quizás hasta descubras lunares o pecas que desconocías.

- Mantente atento a las expectativas que tienes de tus hijos y pregúntate habitualmente: ¿lo que le pido se corresponde con su edad y nivel de desarrollo?, ¿de dónde surge tal o cual expectativa hacia él/ella?, ¿son similares a las que mis padres tenían hacia mí?, ¿están enfocadas en mi hijo o en mis propios deseos y anhelos?

- Cuando se avecine un conflicto, pregúntate: ¿qué necesidades no están siendo cubiertas en mi hijo/a?

- Cuando sientas que estás a punto de perder la calma o explotar, detente y respira lenta y profundamente. Repite 5 veces el siguiente ciclo en tu cabeza: *inspiro calma, espiro tensiones.*

- Practica escuchar a tus hijos sin interrumpirlos, dejándolos expresar toda un idea sin opinar. Usa tu lenguaje no verbal para que se sientan escuchados, asiente con tu cabeza, míralos a los ojos.

- Cuando sientas que te has equivocado en la forma de gestionar un conflicto, practica mi regla de las 3R: recapacita, reconoce, repara. Parte del reparar es pedir perdón.

- Practica diariamente el *mindfulness* informal y trata de incorporar de manera progresiva prácticas formales.

- Busca una agenda o un cuaderno y déjalo cerca de tu cama. Cada noche antes de irte a dormir agradece por tres episodios o cosas que pasaron ese día relacionado con tus hijos o tu crianza, aunque sean sencillas. Una vez por semana dedica tiempo a leer todo lo que has escrito.

- Súmate a algún grupo de padres y madres que estén transitando este mismo camino para compartir experiencias y apoyarse mutuamente. Puedes hacerlo de manera presencial, en grupos en línea o en foros.

Como mencioné al principio, no se puede ser una mamá/papá consciente sin autoconocimiento y a veces este proceso va abriendo puertas que estaban bloqueadas y comienzan a salir recuerdos, sensaciones, trabas emocionales, heridas de nuestro pasado, de nuestra infancia, de nuestra adolescencia: cosas que habíamos guardado en un cofre de nuestro subconsciente cerrado con llave. También al indagar sobre nosotros mismos y estar atentos a nuestras reacciones nos damos cuenta de cuántos automatismos heredados tenemos arraigados, de cuántas actitudes y prácticas que en realidad no nos representan tenemos incorporadas. Tenemos que aprovechar esta maravillosa oportunidad de crecimiento personal que nos regala la maternidad, porque al enfrentarnos con nuestras sombras, podemos reparar, corregir y sanar a esa niña interior herida que quizás se sintió abandonada, lastimada, confundida o culpable. Al ver a nuestros hijos tan indefensos, tan pequeños, tan puros, surge una compasión infinita, e inevitablemente una autocompasión para con nosotras mismas. Abracemos a esa niña interior, hagámosle la promesa de que nunca la dejaremos sola y cuando se sienta triste iremos a abrazarla, a contenerla, a darle amor. Tenemos la necesidad de sanar nuestras heridas por ellos, para cortar el ciclo, para darles lo que a nosotras nos faltó a nivel emocional. La maternidad nos enfrenta cara a cara con todos nuestros asuntos pendientes, nuestras limitaciones y nuestra falta de paciencia. La maternidad nos permite sanar.

Otro regalo de traer hijos a este mundo es la toma de perspectiva al poder entender cuánto hicieron nuestros padres por nosotros, a su manera, con sus herramientas, con sus limitaciones, con sus miedos. Esto nos ayuda a valorarlos, agradecerles y también a perdonarlos (si es posible) porque seguramente ellos también se equivocaron y quizás en su época no tenían las mismas herramientas que nosotros o eran muy jovencitos. Tomemos todas estas emociones y experiencias como una oportunidad de crecer.

"E" de empatía

"Si quieres saber qué es la compasión mira a los ojos de un padre o una madre cuando atienden a su bebé enfermo" - Dalai Lama.

Ya les he hablado sobre la atención plena, que es el primer componente y el eje transversal de la disciplina C.E.R. Ahora es el turno de la empatía.

Si te pregunto que es la empatía, probablemente me dirás "ponerse en el lugar del otro", y tengo que decirte que a nivel científico hay una falta de consenso para conceptualizar esta palabra. A grandes rasgos, es una capacidad que nos permite conectar emocional y cognitivamente con el otro. Tiene dos aspectos: el cognitivo de comprender lo que le pasa a la otra persona y el afectivo, que tiene que ver con sentir lo que le pasa. En este sentido, uno de mis profesores, el Doctor en Psicología y Catedrático Luis Moya Albiol, experto en el tema, destaca que lo importante es diferenciar entre empatía y simpatía: cuando hablamos de simpatía nos referimos a un contagio emocional; simpatizamos cuando hacemos nuestras las emociones del otro y éstas nos afectan como si las estuviéramos viviendo en carne propia; sufrimos juntos pero no logramos ayudar a esa persona a gestionar sus emociones. En cambio, ser empáticos significa que, desde nuestro propio lugar, centrados, intentamos ver al otro y ser un referente: lo escuchamos, lo entendemos, hay una comprensión empática pero sin llegar a sentir un malestar personal. Una persona empática es aquella que tiene la capacidad de entender que esa emoción expresada le está sucediendo al otro y no a uno mismo y, al tomar conciencia de esto, puede ayudarle más eficientemente a transitarla y no ahogarse juntos en la emoción. Esto es particularmente difícil cuando los que la están pasando mal son nuestros hijos, porque las mamás sufrimos más con el dolor de ellos que con el propio. Pero también solemos movernos en polos opuestos: nos invade la simpatía y lloramos con ellos o directamente del cansancio o el agotamiento, o por asumir erróneamente que están 'haciendo un drama', desconectamos y los ignoramos. Por eso es tan importante trabajar para que este recurso psicológico se desarrolle de la mejor manera: si nos movemos de la simpatía a la empatía realmente podremos ayudarlos de una mejor manera a gestionar sus emociones.

Cuando nuestras criaturas están tristes o frustradas y con su lenguaje no verbal o sus palabras rudimentarias intentan explicarnos qué les está pasando, en lugar de pensar "cómo me sentiría yo" debemos preguntarnos: ¿y esto, cómo lo vive el niño? Si lo pensamos desde nuestro lugar de adultos es imposible empatizar, debido a que, algo que a un pequeñín realmente le afecta, entristece o atemoriza, a un adulto no. Si mi hijo llora mucho porque su zapato está sucio, debo evitar pensar cómo me sentiría yo si mi zapato se ensucia y preguntarle a él cómo se siente; ayudarlo a identificar esa emoción, a salir de ese sufrimiento (compasión) quizás con alguna propuesta o con una demostración de afecto: "¿te pone triste que esté sucio? ¿por qué te sientes así? yo lo entiendo, pero ¿sabes qué?, podemos lavarlo juntos y estará seco en un rato" en lugar de decirle "¿estás llorando porque se ensució tu zapato?, ¡qué exagerado, si es una tontería!, "pareces una niñita, deja de llorar o te vas a tu cuarto".

Recuerdo una mañana, no hace mucho, que mi hijo de cuatro años ante un momento de frustración explotó y dijo: "puta mierda". Me quedé anonadada y luego de decirle que esa frase era ofensiva me detuve a pensar un poco. Como siempre, mi sensei dándome lecciones de vida desde su pequeñez. Aquel fue un gran llamado de atención: que me estaba alejando de mi objetivo. Evidentemente estaba explotando y, aunque no lo hiciera directamente con mis hijos, lo estaba haciendo y ellos me veían. Entonces, cuando escuches a tus hijos decir un insulto, en lugar de regañarlos por ser "mal educados" o echarle la culpa a los demás, analiza de quién o de dónde estarán sacando esas palabras que tanto te disgustan; quizá sea tu reflejo el que ves en ese espejo y eso te hace ruido, tal vez debas corregirte primero.

El autoconocimiento es la base de la empatía: para trabajar sobre las emociones necesito conocerme y por eso el *mindfulness* es tan importante. Dominar nuestros propios sentimientos y reacciones emocionales es indispensable para poder empatizar con los demás.

Como seres humanos, y más aún como padres, tenemos que trabajar la empatía; lograr que nuestros hijos perciban que estamos allí escuchando, conteniendo. Esto no significa llorar cuando ellos lloran o dejarnos llevar por su angustia, sino ayudarlos a ponerle un nombre a esa emoción que están experimentando, identificar las causas, aprender a reconocer las reacciones corporales a diferentes emociones, sentimientos. Dejarlos hablar con libertad, evitando interrumpir y dar sermones; eso es ser empático, recordando que sus emociones confusas y potentes de niños son válidas e importantes, ayudándolos a navegar en su mundo emocional como faros; como luz y no como anclas.

Otro aspecto importante para desarrollar la empatía en los conflictos es tomar en cuenta lo que vimos anteriormente: los niños pequeños muchas veces están limitados a reaccionar de cierta manera debido a su nivel de maduración cerebral y psicológica, sabiendo esto, ponernos en su lugar será mucho más fácil.

Hay muchas personas empáticas en este mundo, no podemos negarlo; pero muy pocas personas son compasivas. Me ha pasado muchas veces que cuando hablo de compasión en algún taller se genera en la audiencia cierto rechazo hacia la palabra dado que a nadie le gusta que le tengan "lástima". Solo nos quedamos con lo que dicen los diccionarios sobre esta palabra "sentir lástima por el que sufre". Pero la compasión es, desde la psicología, empatía en acción; así lo definió en una clase tan claramente mi profesora Teresa Falls[4]. No es la emoción que surge como reacción al sufrimiento, sino una motivación y tiene dos elementos fundamentales: la sensibilidad al sufrimiento de uno mismo y de los otros y el compromiso de aliviarlo (Simón, 2014). Implica entonces, un deseo profundo de ayudarme y ayudar a otros a salir de aquella situación que está provocando malestar. Solo con la empatía no cambiamos el mundo; necesitamos más gente compasiva; pero para ser compasivo primero hay que ser empático. Debemos ir más allá y el primer paso es despojar a la compasión de su significado cargado de matices judeocristianos y enseñarles a nuestros hijos su verdadero significado. Ser compasivo no es sentir pena por el otro mirándolo desde arriba, desde la superioridad del que se encuentra en una mejor situación; es sentirse tan conmovido y tocado que se vuelve imposible dejar de hacer algo para mejorar la situación, y de esto, las madres entendemos muchísimo. La empatía es el primer paso pero debería venir seguida de la compasión si lo que de verdad queremos es ayudar al otro.

Compasión no es caridad; compasión es involucrarse genuinamente desde nuestra humanidad, es ir más allá de tirarle una moneda a un mendigo, es sentarse a escucharlo

---

[4] Especializada en Liderazgo POSITIVO, Indagación Apreciativa, Engagement, Programas de Reconocimiento y Resiliencia. Experta y Certificada en Psicología Positiva con el Dr. Tal Ben-Shahar de la Universidad de Harvard.

y tratar de ver cómo lo ayudamos y, si no podemos hacerlo, aunque sea mostrar una genuina intención, una predisposición.

Mindfulness y compasión van de la mano y no pueden separarse, hasta el punto de que no hay *mindfulness* sin compasión porque éste, tiene esa intención altruista y benevolente implícita y no hay compasión sin *mindfulness*, porque para poder realmente ponerme en el lugar del otro y tratar de terminar con su sufrimiento debo estar presente plenamente y con una actitud ausente de juicios de valor o críticas.

"R" de respeto

El respeto es la madre de todas las virtudes *(mater omnium virtutum)*. La palabra respeto proviene del latín respectus y tiene que ver con mirar hacia atrás y poner en consideración algo. Respetar se relaciona entonces con observar, valorar, reconocer y aceptar al otro, su dignidad y autonomía (se relaciona con la atención plena y la empatía, ¿no?). El respeto es un derecho y una obligación, no se gana ni se exige; es inherente a todo ser humano, a su valor como persona. Por lo tanto tu hijo no debe hacer nada excepcional ni prominente para ser acreedor de tu respeto, y mucho menos necesita ser adulto para merecerlo.

Entonces: ¿qué es lo que deberíamos respetar en nuestra crianza y en nuestros hijos?

- Sus emociones y sus estados de ánimo: los niños pueden tener días malos o de introspección como cualquier adulto.

- Su derecho a frustrarse, enojarse o sentirse tristes. No debemos negar o reprimir emociones negativas, sino ayudarlos a gestionarlas.
- Las etapas psicoevolutivas por las que atraviesan.
- Sus formas rudimentarias de comunicación: no exigirles hablar de cierta manera o escribir si nos han mostrado interés.
- Su espacio y sus posesiones: no obligarlos a compartir sus pertenencias o ceder su lugar. Si crecen en un hogar respetuoso y con valores humanos aprenderán a hacerlo cuando estén listos y por nuestro ejemplo.
- Su derecho a explorar el mundo que los rodea.
- Su cuerpo: no forzarlos a dar besos o usar ropa con la que se sienten incómodos.
- Su autorregulación de hambre y saciedad.
- La maduración en la regulación y control de esfínteres.

También debemos respetarnos a nosotros mismos, los padres, como seres humanos con necesidades, respetar a otros madres-padres y estilos de crianza (sin validar ni avalar nunca la violencia o el abuso) y a todos los seres vivos y la naturaleza. Respetarse a uno(a) mismo(a) significa darle valor a nuestra existencia y honrarla. El auto respeto es la base y el punto de partida para respetar a los demás.

Actitudes y prácticas que favorecen una maternidad respetuosa:
- Lactancia Materna Prolongada
- Colecho
- Porteo

- Movimiento libre
- Juego libre
- Evitar escolarizar los primeros años de vida
- Control de esfínteres y alimentación guiados por el niño
- Autorregulación en cuanto a necesidades básicas
- Práctica de *mindfulness*
- Comunicación No Violenta (Método de Marshall Rosenberg)
- Evitar discursos radicales
- Educar con el ejemplo

¿Esto quiere decir que si doy biberón o mi hijo va a la guardería a los dieciocho meses por mi trabajo no crío con respeto? No. Cada madre, padre y familia hará lo que esté a su alcance para criar de manera respetuosa. Lo que debemos tener presente es ser honestos y sinceros con nuestras elecciones y cuestionarlas continuamente: ¿dejé la lactancia porque no puedo hacerlo o porque ya no quiero? ¿No hago colecho porque no duermo bien o porque mi pareja me presiona? En función de nuestras respuestas deberíamos poder replantearnos las situaciones y analizar si es posible realizar algún cambio o ajuste. Lo que intento es que hagas un trabajo de sinceridad y honestidad contigo y tu crianza. El tema de la escolarización temprana es un punto muy difícil de abordar porque el modelo económico del mundo actual es feroz y para la mayoría de las familias, si no trabajan ambos progenitores, no se come. Aún así, debemos tratar de agotar todos los recursos para postergarla el mayor tiempo posible, ser creativos, organizar una guardería rotativa con un grupo de amigos o familiares o, al menos, evitar jornadas demasiado extensas. Si realmente, y por más que lo hemos intentado, ninguna alternativa se acomoda a nuestra realidad laboral y social tampoco es saludable arrastrar culpas sino focalizar la energía en fortalecer el vínculo con nuestros hijos en los momentos en los que estamos con ellos. Por otra parte, a la hora de escoger una guardería, valorar la capacitación docente en inteligencia emocional y teoría del apego por sobre la meramente intelectual, buscar un lugar en el que no te presionen para que tu criatura deje el pañal y ser muy firmes con el periodo de adaptación: quedarnos hasta que nuestro hijo o hija esté listo o lista emocionalmente para enfrentar nuestra partida y haya entablado una relación de confianza con el personal. Un ejercicio que puede ayudarnos en este momento es el del corazón: cada vez que vamos a dejar a nuestro hijo a la escuelita dibujamos un corazón en su mano y le decimos "aquí te dejo mi corazón, si me extrañas míralo y sabrás que estoy pensando en ti y que pronto vendré a buscarte", esto será para el niño un anclaje emocional que lo ayudará con esa representación intrapsíquica de la figura de apego de la que hablamos antes.

En definitiva, si hablo con mi hijo, lo acompaño en su gestión emocional, le doy tiempo para procesar la nueva información, tengo en cuenta sus necesidades y las cubro, le doy libertad de movimiento en un espacio controlado, tengo presente la etapa de desarrollo por la que atraviesa, invierto diariamente en tiempo de calidad y conexión sin distractores, procuro dejarlo resolver los conflictos con sus pares, no utilizo disciplina punitiva y, por supuesto, evito la violencia física, psicológica y verbal, estoy criando con respeto. A la vez, necesito respetar mis necesidades fisiológicas y emocionales que, si no tengo cubiertas mínimamente, se transformarán en una gran traba a la hora de sostener una actitud de atención plena y amor incondicional.

Déjame decirte: si tuviste cesárea y no un parto en el agua sin epidural, aún puedes criar con respeto; si la lactancia no fue exitosa, aún se puede criar con respeto; si tu bebé a veces agarra el chupete, aún puedes criar con respeto; si por razones económicas tuviste que escolarizarlo/a antes de los tres años, aún se puede criar con respeto; si tu colecho duró doce meses y no seis años, aún se puede criar con respeto. La crianza respetuosa es un estilo de vida, no una serie de doctrinas irrevocables. En la crianza respetuosa NO hay recetas mágicas, ni pasos obligatorios a seguir. La crianza con respeto es BIDIRECCIONAL y contempla también las necesidades de la madre, que no es una mártir.

Sin embargo a veces, las madres-padres, piensan que respetar solo a nuestros hijos es suficiente sin cuestionarse: ¿estamos realmente respetando a los demás?, ¿respetamos otros modelos de crianza, otras religiones, estilos de vida o modelos familiares?, ¿discriminamos a los demás por su raza o condición social? Por supuesto que respetar no implica hacer oídos sordos ante la injusticia o el abuso de poder, allí debemos tomar protagonismo, pero es indispensable no perder de vista que, como dije anteriormente, nuestros hijos nos ven; y de vernos actuar, hablar y socializar, aprenden.

El verdadero respeto es el que nos condiciona a abandonar una actitud radical para con los otros y nos fuerza a trabajar en todos aquellos limitantes que nos hacen creernos dueños de la verdad absoluta. Sin respeto por el prójimo no hay crianza respetuosa.

Componentes de la disciplina C.E.R.

Límites

"Mi hijo de dos años está jugando con una tijera mientras salta en el sofá y como no quiero que piense que soy autoritario o que me haga un berrinche, lo voy a dejar seguir saltando" Esta actitud no es saludable para los hijos, no protege su integridad, rompe uno de los pilares de la disciplina C.E.R. Los niños necesitan adultos que satisfagan su necesidad de seguridad en todos los niveles aunque en algunas oportunidades seguir las normas nos provoque estrés y malestar.

A nosotros nos ha pasado en el avión: mi hija de dos años y medio no quería ponerse su cinturón en el aterrizaje y tuvimos que forzarla, ella lloraba, la gente que nos observaba lo hacía con su mirada inquisidora y yo me sentía terriblemente mal por ella, pero lo primordial era su integridad física. Amy quería estar parada y caminar durante el vuelo y la dejamos, pero el límite oportuno llegaba cuando la señal de abrocharse los cinturones aparecía. Nunca la ignoramos: estuvo todo el tiempo abrazada, con mimos y palabras dulces al oído mientras le explicábamos una y otra vez los motivos por los cuales no podíamos dejar que se quitase el cinturón. Debíamos realizar ese viaje en avión; no había otra opción en ese momento. Para la vuelta fuimos más preparados, hablamos con ella un par de días antes de despegar y le contamos paso a paso y en detalle qué pasaría: los ruidos de los motores, los ruidos de las ruedas al subir, las turbulencias. Vimos unos vídeos de aviones, jugamos al aterrizaje con sillas y esa segunda experiencia fue mucho más fluida.

Según Patricia Arés Muzio (2000), el límite es la frontera psicológica necesaria, que define el tipo de vínculo con sus correspondientes consecuencias y es necesario para que el niño aprenda a controlar sus impulsos y sus emociones, a posponer sus deseos y desarrollar la voluntad. Para esta Doctora en Psicología, los límites deben ser establecidos de manera conversacional con argumentos muy claros y precisos, con cierta flexibilidad mientras sean respetados, evitando que se transformen en rígidos o inapelables. Se torna entonces vital que el hogar sea un ambiente seguro que incluya límites bien definidos, dentro de los cuales el niño pueda explorar y enfrentar nuevos retos.

Mariana, de veintidós meses, estaba jugando a tirar piedrecitas al mar, de repente se acercaron unos niños a jugar y ella decidió tirar las piedras a los niños a modo de juego. Si la retamos y le ordenamos que deje de hacerlo, estamos coartando una oportunidad de exploración, de socialización y de aprendizaje. También podríamos propiciar un estallido emocional porque Mariana sentirá frustración al tener que abandonar su juego sin entender el motivo. Por el contrario, si le explicamos que puede tirar piedras en el agua todo lo que quiera pero no a los niños porque los lastima, estamos pautando un **límite respetuoso**. Si los infantes comprenden realmente las razones de las normas y saben que pueden dar su opinión al respecto o negociar mientras estas se respeten, será mucho más fácil que colaboren. También podemos pedirle que sugiera algún otro juego con las piedras en el que no lastime a nadie a su alrededor; esta participación empodera a la criatura facilitando la cooperación. Se debe ejercer la autoridad en el hogar sobre la base del ejemplo y el respeto a los diferentes límites y espacios de cada quien (Arés Muzio, 2000), apelando a que el niño comprenda que sus derechos terminan cuando comienzan los derechos de los demás. **Es importante buscar alternativas para evitar cortar el juego, ya que es una oportunidad de ampliar sus conocimientos y experiencias, desarrollar curiosidad y confianza (Hernández Posada, 2006).**

Entonces, el límite oportuno es el que garantiza la integridad física y emocional del niño y el límite respetuoso es el que garantiza la integridad física y emocional del entorno que lo rodea (incluidos animales y plantas). Implican parar o redireccionar una acción peligrosa, dolorosa o injusta hacia una variante segura y positiva. Cuando mis acciones afectan o perjudican a otras personas o a mi contexto no estoy siendo ni justo ni respetuoso, por lo que estaría vulnerando dos valores subyacentes a la crianza respetuosa. Ante estas situaciones optamos por los límites respetuosos, sociales y ecológicos. No es un castigo velar por la integridad de los hijos; es nuestra responsabilidad como adultos saber cuándo el respeto y la tolerancia se transforman en permisividad. Si tu hijo le está pegando a su amigo en la cara no podemos apelar a que la consecuencia sea que ese amigo no quiera jugar más con él, en esos casos debemos intervenir con límites respetuosos en pos de procurar que todos los seres vivos partícipes de la situación no salgan lastimados o perjudicados.

Otro aspecto importante es analizar las motivaciones del comportamiento: en muchas ocasiones cuando un preescolar quiere integrarse a un grupo para jugar busca llamar la atención y muchas veces lo hace de forma negativa, entonces quizás con Mariana hubiera servido ayudarla a integrarse con ese grupo de chicos introduciéndola, porque ella aún no domina el lenguaje.

Los niños pequeños buscan límites para reafirmar que hay un adulto al mando (su figura de apego), por eso algunas veces notaremos que intentan ver hasta dónde pueden llegar con alguna acción. Debido a esto es importante darles libertad dentro de una estructura a través de reglas que sean fáciles de comprender. A esta edad es vital dejarlos explorar, fomentar el libre movimiento y establecer los límites en el momento que se haga (o se esté a punto de hacer) una transgresión porque si lo hacemos antes podríamos limitar la creatividad. También es necesario dejar que ellos resuelvan sus problemas, aunque sea una partecita, para que puedan dimensionar las consecuencias de lo que están haciendo y también para empoderar y fomentar su pensamiento crítico. A veces notaremos cómo la criatura busca proactivamente ese límite al observar que comienza a hacer algo que sabe nos hará reaccionar; en niños pequeños es una de las principales formas en las que buscan los límites porque necesitan reafirmar continuamente que hay alguien a cargo que los protege y, a la vez, quieren comunicarnos a su manera que ellos son seres individuales y están en búsqueda de su autonomía.

Características de los límites familiares según el modelo Disciplina C.E.R.:

1. Deben ser claros, concisos, cortos y en un lenguaje que el niño sea capaz de comprender. Tenemos que evitar irnos por las ramas, usar conceptos abstractos o muy complejos.
2. Transmitirlos mediante un lenguaje positivo. De esta forma es más fácil para el niño entender mejor las cosas que puede hacer en lugar de enfocarse en las que no puede hacer.
3. Comunicar las normas y límites de una manera que los niños comprendan que estas deben seguirse y respetarse porque tienen sentido para ellos, la familia o el entorno y no porque las dictamina arbitrariamente mamá o papá ("porque yo lo digo y punto"). Si el niño siente que las reglas se pautan de manera arbitraria probablemente su disposición a colaborar sea menor.

4. Las reglas, normas y límites están abiertas al diálogo y son flexibles: se explican y se dialogan.
5. Como padres, debemos guiar a los niños para que tomen decisiones que les permitan armonizar las reglas de convivencia de la familia con las actividades que a ellos les gustan.
6. Explicamos los límites calmados y serenos; con las emociones bajo control. Nunca debemos establecerlos desde la ira o el enojo.
7. **Es vital que mamá, papá y figuras de apego sigan un mismo estilo disciplinario y lógica** a lo hora de regular las normas, límites y consecuencias.
8. Se establecen teniendo en cuenta las necesidades de los hijos, pero también las de los padres.

En algunas ocasiones extremas que impliquen riesgo de vida, como he explicado anteriormente, no podremos seguir estos lineamientos. Por ejemplo, si tu hijo está caminando descalzo en la playa y ves en el suelo un vidrio, quizá como reacción automática lo agarres fuerte del brazo y lo asustes, tu cerebro primitivo está al mando, no es una reacción pensada. En ese caso es indispensable hablar de la situación cuando los ánimos estén calmados y pedir disculpas si por la vorágine del momento hemos causado algún daño físico involuntario.

Consecuencias

Una consecuencia es el resultado o efecto de determinada acción por lo que es a su vez, una gran oportunidad de aprendizaje. Mediante las mismas aprendemos a convivir en armonía, y la relación causa/efecto.

Una consecuencia (directa) es la que permite al niño aprender del orden natural de los hechos (Dinkmeyer y MacKay, 1976). Cuando conlleva un peligro inminente, o un nivel de disconfort muy elevado para la criatura, recurriremos a los límites oportunos o respetuosos.

He clasificado las consecuencias de la siguiente manera:

Consecuencias directas: una consecuencia directa es aquella que inevitablemente se deriva de una determinada conducta. Ejemplos: si toco el fuego, me quemo; si pincho la pelota inflable, se rompe; si juego una hora bajo el sol al mediodía sin protección solar me quemaré.

Consecuencias probables: Son las que pueden ocurrir como efecto de una determinada acción o conducta pero no de manera inevitable. Ejemplos: si juego con un cuchillo, puedo cortarme; si no uso la chaqueta, tal vez me de frío; si le pego a mi juguete con una roca, quizás lo rompa.

Consecuencias colaterales: Son las que pueden (o no) suceder de manera secundaria a partir de consecuencias directas o probables. Ejemplo: Si no me lavo las manos antes de comer (causa) tal vez me enferme (consecuencia probable) y si esto sucede quizás deba ir al medico para que me valore y me medique (consecuencia colateral).

¿Por qué es importante establecer una diferencia entre consecuencias directas, probables y colaterales? Porque si lo que pretendemos es educar desde la verdad no podemos decretar algo que quizás no suceda ni debemos proyectarnos en nuestros hijos. Por este motivo cuando hablamos de consecuencias probables o colaterales debemos utilizar palabras como "quizás", "puede que" o "probablemente". Si le digo a mi hijo: "si tocas el fuego, te quemas", le estoy diciendo la verdad. Si le digo: "si no te pones la chaqueta, tendrás frío" no estoy siendo honesta porque quizás, y debido a su metabolismo, realmente no pase frío.

Consecuencias sensatas: Son aquellas que se derivan de comportamientos o acciones peligrosas que no tienen una consecuencia directa inminente pero cuyas consecuencias probables atentan contra la integridad del infante o de su entorno. Las mismas son pautadas por los cuidadores. Ejemplo: Mi hija Amy y yo solíamos pasear mucho en bicicleta, a ella le encantaba ir en el asiento delantero que su abuelo le había colocado. Una tarde, cuando nos alistábamos para ir a la ludoteca se quitó el casco y por más que intenté ponérselo nuevamente no me dejó hacerlo y me dijo casi gritando: "¡No me pondré el casco!". La consecuencia directa de que mi peque viajase en la bicicleta sin casco no era que se lastimaría gravemente, pero, había un probabilidad considerable de que eso sucediera en caso de accidente o descuido, así mismo estaría violando una ley vial. Si hubiera utilizado una consecuencia directa ("si no te pones el casco, te golpearás") le estaría mintiendo. Si usaba una consecuencia probable ("si no te pones el caso puede que te golpees") no le hubiera mentido, pero en el caso de que que ella decidiera correr el riesgo y pasear sin casco, ceder ante esta elección sería una completa irresponsabilidad de mi parte, porque somos nosotros, los adultos quienes debemos velar por la seguridad de las criaturas, y más aún cuando por motivos de maduración y desarrollo no están capacitadas para dimensionar los peligros que acarrean sus acciones. Entonces en la situación de la bicicleta establecí una consecuencia sensata adaptada particularmente a la situación: "Si no quieres ponerte el casco lo entiendo, pero en ese caso no podremos ir a la ludoteca porque si nos caemos podrías lastimarte gravemente y además estaría violando la ley". En casos como el descrito será el niño o la niña quien decidirá, en función de sus deseos y necesidades, si quedarse en casa o ir a la ludoteca usando el casco. ¿Estamos mintiendo?, ¡No! ¿Estamos chantajeando o manipulando?, ¡No! Lo que estamos haciendo, por un lado, es darle la información necesaria para que puedan tomar una decisión y por el otro cuidando su integridad, su salud, su vida y a su vez respetando las leyes. La enseñanza para Amy fue enorme y aunque quizás no lo pudo dimensionar en ese momento y a pesar de que en alguna oportunidad decidió no salir a pasear, un tiempo después antes de salir de casa me dijo "no podemos irnos porque nos hemos olvidado de ponernos el casco".

Información, límites de necesidades personales y límites de funcionamiento familiar:

Decirle a un niño pequeño "si no comes la cena puede que luego tengas hambre" en algunas oportunidades no es justo, porque no le estamos proporcionando la información suficiente para que la criatura pueda poner en perspectiva las posibles consecuencias de sus acciones y así pueda decidir cómo actuar en base a dicha información. Por estos motivos, cuando explicamos las consecuencias, debemos dejar muy claro de manera amorosa pero firme nuestros límites personales o de funcionamiento familiar, de ser necesarios. Ejemplos: "Si no comes la cena (causa) puede que luego te de hambre (consecuencia probable) y no cocinaremos otra cosa porque ya he lavado todo y no quiero volver a hacerlo" (límite de necesidad personal). "Si vamos a ver el show de payasos a la montaña y no llevas tu chaqueta (causa) quizás cuando oscurezca te de frío (consecuencia) y no regresaremos a casa a buscarla porque estaremos lejos (límite de funcionamiento familiar). Si te da mucho frío deberás esperar a que termine el show en el auto con algún adulto" (consecuencia sensata). Esta información la proporcionamos no desde un lugar de amenaza, chantaje o manipulación sino desde el planteo de las propias necesidades y las necesidades familiares de armonía y cooperación porque carecer de cierta información influirá en las decisiones que tome el niño lo que puede generar malestar y ser el disparador de un estallido emocional o conflicto familiar. Volviendo al primer ejemplo, si le decimos a nuestro peque "Si no comes la cena puede que luego tengas hambre" la criatura podría pensar "no como la cena, luego pido que me hagan pasta y ya no tendré hambre" pero si le dejamos claro que nuestro límite personal y de funcionamiento familiar es no cocinar nada más ese día, el niño quizás decida comer un poco. Si es mayor tal vez antes de dormir agarre solito una fruta (lo cual es válido), pero al menos tendrá la información suficiente para poder decidir y analizar los posibles efectos de sus acciones y a la vez nuestra dinámica familiar o nuestras necesidades personales no se verán afectadas. ¡El conocimiento empodera!

Una tarde llegaron a mi consulta unos padres con problemas para lograr cooperación de su hija de cuatro años, pero que no querían criar mediante el castigo o la violencia. Cuando les pregunté cómo disciplinaban a la niña me dijeron que usaban las "consecuencias". Les pedí que me diesen un ejemplo y entonces me dijeron: "Si Paula está haciendo algo que es indebido no la castigamos pero le decimos que si no deja de hacerlo tendrá una consecuencia o, a veces, directamente le explicamos que perderá un beneficio como puede ser su postre". Y ahí llegó el incómodo momento en el que debí decirles que sus bonitas consecuencias no son más que burdas amenazas conductistas (castigos disfrazados). Se quedaron mirándome anonadados y no entendían qué estaba mal, si a fin de cuentas ellos no castigaban… ¿o sí? Les expliqué que ese tipo de consecuencias era una forma de imponer y forzar conductas, en lugar de confiar en que Paula podría ser guiada de manera orgánica y paciente hasta llegar a internalizar comportamientos apropiados y saludables.

Decirle al niño "si no haces lo que te digo tendrás una consecuencia" sin aclarar primero cuál será, no es más que una amenaza. De igual manera, la supuesta consecuencia que se dice en el momento pero que nada tiene que ver con la acción (causa/efecto) es simplemente un castigo. Por otro lado, si la consecuencia es ambigua o temporalmente alejada del hecho, es muy complicado que el niño/a pueda dimensionar su alcance. Cuando la consecuencia nada tiene que ver con la acción, estamos comunicando que un error se paga con algo que nos produce o producirá dolor. La idea es, básicamente, lastimar al niño para que pague por lo que hizo, ya sea quitándole algo que le gusta u obligándolo a hacer algo que no le gusta; sobre todo si este castigo tiene una duración de varios días. Muchas veces, cuando los padres castigan o ponen consecuencias están enojados y desbordados, por lo que se les pasa la mano y luego les cuesta y hasta les duele cumplir con sus amenazas desproporcionadas. En los castigos, el énfasis está en los efectos y no en las causas. No hay comunicación respetuosa ni formativa, el niño no puede interiorizar lo que sucedió ni comprenderlo; solo sabe que hizo algo incorrecto a la vista de sus padres y que debe pagar por ello.

Como si esto fuera poco, este tipo de castigos o pseudo consecuencias generan tensión en la relación entre padres e hijos, colocándolos en esquinas opuestas de un ring en el que nadie quiere luchar. Las falsas consecuencias –o castigos disfrazados– deben evitarse a rajatabla si pretendemos disciplinar con respeto, conciencia y empatía.

Ejemplos de falsas consecuencias o castigos disfrazados:
- Si no comes la cena, no tendrás postre.
- Si no llevas tu chaqueta no vamos al cumpleaños.
- Si sigues metiendo el juguete al agua te lo quitare y se lo daré a tu amiguito.

Como podemos observar, existe una gran diferencia con las consecuencias directas; aquellas que simplemente suceden como resultado o efecto lógico y esperado de una determinada acción. Todas nuestras elecciones y acciones tienen sus respectivas conse- cuencias. Disciplinar mediante consecuencias directas, probables, colaterales y sensatas no es tan simple como parece porque el desafío es encontrar el equilibrio entre dejarlos explorar al máximo posible y, a la vez, salvaguardar su integridad física y emocional; es aquí donde entran en juego los límites respetuosos.

Como podrás notar, límites y consecuencias van de la mano y se interconectan, por lo que tenemos que prestar atención a cada evento en particular para ver qué estrategia utilizar. En este aspecto, es MUY importante procurar que el niño proactivamente redirija su comportamiento porque comprende que el efecto de su accionar es negativo o perjudicial para él o para su entorno. Para lograrlo, antes de establecer un límite deberíamos explicar la relación causal para darle la oportunidad al infante de ser activo en su cambio de conducta; de este modo estaremos favoreciendo aprendizajes significativos. En definitiva, de ser posible y teniendo en cuenta el nivel de desarrollo del pensamiento lógico de nuestros hijos es beneficioso apelar a las consecuencias antes que a los límites, si la situación lo permite.

El estar constantemente atentos a cómo gestionamos las consecuencias nos ayuda a dimensionar hasta qué punto estamos imponiendo demasiadas normas. Hay acciones de nuestros hijos que percibimos como violaciones a nuestros valores o reglas pero que, si analizamos con detenimiento, no implican efectos graves y muchas veces son solo oportunidades en las que los niños buscan expresar y afianzar su independencia. Por ejemplo, mi hijo un par de veces quiso ir a su clase de natación usando sus pijamas que adoraba; no había en ese pedido razón para una consecuencia lógica o un límite: el pijama necesitaba ser lavado y él apenas llegaba a la piscina se ponía su bañador, entonces, ante situaciones más simples o que no acarreen problemas serios a veces es mejor ceder y darle al niño protagonismo y voz.

Cuando son más pequeños utilizaremos con mayor frecuencia los límites porque en ocasiones las consecuencias no pueden ser comprendidas en su complejidad por temas de desarrollo. De igual forma, siempre hay que explicarlas para que comiencen a dimensionar relaciones causales. Conforme vayan creciendo y comprendiendo más el pensamiento lógico y analítico, así como también la relación causa-efecto, las consecuencias auténticas irán ganando más protagonismo y veremos cómo nuestros hijos pueden autorregular su comportamiento de manera cada vez más interna y sin la necesidad continua de recordar consecuencias o límites. ¡Promesa!

Es altamente probable que los niños respondan de manera positiva cuando les explicamos las consecuencias auténticas o lógicas porque las entenderán como lo que son: el resultado de determinada acción y no como un castigo para herirlos por no hacer lo que nosotros queremos que hagan. De esta forma podrán, con el tiempo, ser responsables de sus acciones al comprender y dimensionar sus efectos y no por miedo a ser castigados. De igual forma, no sentirán una lucha de poder o una minimización de sus deseos y elecciones; sentimientos a flor de piel en la edad preescolar. Los niños que se sienten respetados cooperan más porque están contenidos en su familia y tienen sentido de pertenencia a su tribu.

Por último, no deberíamos establecer consecuencias antes de indagar y reconocer si hay, en el trasfondo de una actitud o comportamiento, alguna causa externa que está propiciando dicha actitud y que tiene que ver con necesidades no cubiertas. Por ejemplo, si uno de tus hijos ha estado enfermo y le has prestado mucha atención y su hermano insiste en hacer algo que sabe puede lastimarlo quizá antes de poner límites o consecuencias puedes hablar con él, abrazarlo, mimarlo y puede que el comportamiento termine sin necesidad de establecer consecuencias. A veces los niños dicen "necesito un abrazo" de forma muy peculiar.

Puede ser frustrante por momentos que, aunque les explicamos mil veces con amor y paciencia las consecuencias, habrá situaciones en las que de todos modos terminan por ir en contra de lo sugerido. Los preescolares quieren comprobarlo todo por sí mismos, quieren ver qué es lo que sucede; a veces guiados por esa necesidad de autonomía. Entonces, si nos encontramos frente a estas situaciones lo importante es mantenernos firmes con las consecuencias: de esta manera es muy probable que tu hijo no repita un comportamiento que acarrea un desenlace negativo para él o para ella. Cuando esto suceda, respira profundo: mañana será otro día y recuerda que de los errores se aprende y hay que dejar que los hijos se equivoquen también.

Comunicación C.E.R.: el tercer componente

"Para comunicarnos de manera efectiva, debemos darnos cuenta de que todos percibimos el mundo de manera diferente

y usar este conocimiento como una guía para comunicarnos con los demás" - Tony Robbins.

Las palabras no son inocentes: la forma en la que nos comunicamos está cargada de quienes somos, nuestras creencias. Muchas veces "hablamos sin pensar" y esto significa que nos dejamos llevar por la emocionalidad sin tener en cuenta que estamos construyendo la realidad según nuestra propia mochila y, por ende, no siempre es equivalente a la verdad absoluta. La comunicación C.E.R., en la que tenemos la suficiente humildad para no creernos dueños y amos de la verdad requiere, en parte, dejar de lado nuestro ego y esto lo conseguiremos con la práctica de la atención plena y la compasión.

Cuando nos comunicamos con nuestros hijos, no solo está en juego transmitir un mensaje de manera efectiva, sino el tipo de relación que queremos tener con ellos. Entonces, para que nuestra comunicación sea consciente, empática y respetuosa no solo debemos cuidar las palabras que usamos sino también la forma en la que las decimos, ya que, según cómo lo hagamos el niño o la niña se abrirá o cerrará al mensaje que le estamos enviando: se sentirá herido o respetado, y despertaremos sus puntos fuertes o los débiles. Cada vez que nos comunicamos estamos frente a una oportunidad de respetar la relación y nutrir la autoestima (Satir, 2008).

Si lo hacemos de forma violenta o agresiva, por medio de gritos o amenazas, estaremos colocando a las criaturas entre la espada y la pared y, probablemente, consigamos una actitud defensiva o violenta de su parte. Actitud que, según Crespo Comesaña (2011), posiblemente escalará de manera ascendente pudiendo terminar en palabrotas o castigos desmesurados como consecuencia del estado emocional del momento (portazos, gritos, golpes), generando una situación tensa. Esto evitará resolver el conflicto en armonía y con cooperación, y además, el ambiente en el hogar será negativo. La comunicación violenta o despectiva puede llevar a nuestros hijos a creer que nadie los escucha ni los tiene en cuenta, que los padres no son personas en las que confiar si tenemos la necesidad de hablar con alguien de nuestros problemas o alegrías, que quizás sean realmente merecedores de las etiquetas que les ponemos; esto impactará negativamente en su autoestima.

Por el contrario, cuando nos comunicamos de manera respetuosa y empática, sin recurrir a la agresividad, la manipulación o la culpa, sin etiquetar y sin juzgar al otro la probabilidad de conseguir cooperación para resolver conflictos y aprender de estos será mucho mayor, ya que nuestros hijos entenderán claramente lo que esperamos de ellos. Se sentirán validados, escuchados y tomados en cuenta; pero ante todo respetados. Si nos comunicamos de manera consciente, empática y respetuosa estaremos favoreciendo el afecto, la confianza y afianzando los lazos familiares, impulsando la autonomía y la autorregulación.

La comunicación C.E.R. es aquella que no se limita solo a expresarse sin violencia o evitando una actitud pasiva, sino que incluye el uso del diálogo consciente y empático para procurar resolver un conflicto, entender sus causas, buscar soluciones y aprender para una próxima vez. Es un tipo de comunicación efectiva y, a la vez, afectiva. Es la capacidad de expresar nuestras necesidades y sentimientos evitando juzgar; comunicando nuestro punto de vista desde el respeto pero con sinceridad y firmeza dando a conocer nuestra postura y defendiendo nuestros ideales sin ofender a nadie. En la comunicación C.E.R. no se utilizan las etiquetas, los juicios de valor, la agresividad, el desprecio, la amenaza, la coacción, el sarcasmo ni los gritos. Comunicarse de manera consciente, empática y respetuosa implica saber decir que sí pero también saber decir 'no' o tomarse un tiempo de reflexión en lugar de hablar desde el automatismo. Parece imposible pero, con práctica y tiempo, se vuelve una actitud que fluye y enriquece muchísimo la vida y las relaciones..

Recuerdo que antes de ser mamá, cuando era adolescente, decía: "yo no voy a darle razones a una criaturita que no entiende nada" y luego, cuando leí sobre neurociencia y vi cómo se desarrollaban mis hijos, comprendí la importancia vital y educativa de explicar los "por qué sí" y los "por qué no".

Muchas veces, aunque creamos que nos estamos comunicando de manera empática y respetuosa, solo nos limitamos a dar órdenes y directivas o amenazas disfrazadas mediante monólogos interminables.

Hay que escuchar pequeños, no solo oírlos, escucharlos para intentar conectar con ellos y así comprender sus temores, sus sueños, lo que piensan, lo que sienten, teniendo en cuenta su personalidad única, sus gestos, su lenguaje no verbal, sus limitaciones madurativas. Hay que escucharlos mirándolos a los ojos, con la boca cerrada y con la mente enfocada en el momento presente. Igual de importante es poder tomar cada oportunidad de comunicación honesta para hacerles saber y sentir que los amamos incondicionalmente.

Características de la comunicación CER para la gestión de conflictos:

- Debemos ponernos a la altura del niño y mirándole a los ojos: esto favorece la llegada del mensaje y la conexión.
- Los mensajes se dan en primera persona: "yo pienso/siento/creo/necesito…". Según Satir (2008), la esencia del tipo de mensajes "yo" es saber hablar por uno mismo, sin atribuir a los demás opiniones, sentimientos o cambios de conducta. Es un mensaje respetuoso, que expresa nuestras ideas y emociones sin responsabilizar a los demás por nuestra conducta.
- Los mensajes deben ser claros y directos, usando pocas palabras y en función de la edad y desarrollo psicoevolutivo del niño o niña. Con un tono de voz tranquilo y cálido pero firme.
- Cuando estamos solicitando algo, hacerlo de una manera concreta y evitando juicios de valor o echando culpas a los demás.

- Nunca está de más agradecer al niño y hacerle saber de nuestro aprecio genuino durante la plática si notamos un progreso en sus habilidades comunicativas.
- Se debe evitar etiquetar, así como también hablar desde la ironía o la burla.
- El énfasis debe hacerse sobre la conducta y no sobre los rasgos de la persona.
- Debemos preguntarle a nuestro hijo/a qué necesita y nombrar esa necesidad. Debemos preguntarnos a nosotros mismos que necesitamos del otro y nombrar está necesidad de manera clara y concreta sin culpabilizar.
- Debemos preguntarle a nuestra hija/o cómo se siente y nombrar esa emoción.
- Debemos escuchar con atención plena y evitar las distracciones e interrupciones constantes.
- Debe haber coherencia entre el lenguaje verbal y no verbal: decir "te entiendo" con los puños cerrados y una mirada que dispara fuego no servirá de mucho. Los preescolares, como todo ser humano, perciben y entienden el lenguaje no verbal. Por eso es tan importante ser honestos. Quizá necesitamos un par de respiraciones profundas para relajar la tensión. Debe haber congruencia entre lo que decimos, lo que hacemos y lo que transmitimos.
- Es necesario empatizar, lo cual implica escuchar con atención plena y no en función de lo que queremos responder, tratando de entender el punto de vista de la criatura desde su inocencia.

- El comportamiento no verbal debe transmitir tranquilidad y confianza.
- De ser posible, tenemos que pedirles a nuestro hijos su opinión otorgándoles la oportunidad de argumentar su punto de vista y, de esta manera, intercambiar opiniones aunque no coincidamos.
- Los mensajes deben transmitirse de manera positiva: "¿puedes hablar más bajo?", en lugar de "no grites"; o "cuando hablas y lloras al mismo tiempo me cuesta mucho entenderte" en lugar de "deja de llorar, que pareces un bebé". El énfasis debe ser comunicar lo que queremos en lugar de lo que no queremos.
- Es indispensable reconocer los errores y pedir perdón si hace falta, lo cual favorecerá la conexión con nuestros hijos, quienes verán humildad en nosotros en lugar de rencor o soberbia.
- Cuando hablamos con nuestros hijos lo hacemos desde la sugerencia y no desde la imposición, así será mucho más probable que cooperen porque no estaremos atacando su independencia y autonomía y es una forma de mostrar respeto. "Te sugiero que escojas otro vestuario porque se pondrá frío por la tarde" en lugar de "Cámbiate de ropa, que hará frío".

Técnicas de comunicación y abordaje C.E.R. de los estallidos emocionales

Técnica S.E.D.A (señalar, explicar, describir, agradecer).

Edad recomendada: a partir de los tres años y medio.
Debemos comunicarnos desde la calma, la objetividad y un lenguaje no verbal coherente con lo que nuestras palabras expresan. Describir el comportamiento esperado.

1. **Señalar la conducta** que nos desagrada en lugar de usar adjetivos calificativos o hacer juicios de valor. La conducta debe ser descrita de forma clara y fácil de comprender.
   - SI : *"Si apoyas el vaso en la cama, probablemente se derrame el zumo".*
   - NO: *"Te dije mil veces que no apoyes el vaso en la cama, pareces tonto".*
2. **Explicar cómo me siento** ante dicha conducta. Aquí debemos ser cuidadosos y evitar que el niño

piense que quien nos hace sentir incómodos o ansiosos es él y no su conducta. Al no referirse de manera negativa hacia el infante, pero sí hacia la conducta, será menos probable encontrarnos con una actitud defensiva:
- SI : *"Ver el vaso en la cama me pone nerviosa porque temo que se caiga y ensucie las sábanas que acabo de lavar".*
- NO: *"Tu falta de colaboración y terquedad me hacen sentir triste".*
3. **Describir el comportamiento esperado.** Hacerlo de manera clara y concisa, sin amenazas y evitando irnos por las ramas o pedir muchas conductas en una misma frase y sin imponer.
- SI : *"Si lo apoyas en la mesa y se derrama, no manchará las sábanas ni tu ropa".*
- NO: *"Más te vale que no se vuelque el zumo porque serás tú el que cambie las sábanas, ¡ya hazme caso de una vez y sácalo de la cama!".*
4. **Agradecer** a nuestro hijo por atender a nuestro pedido evitando usar palabras autoritarias.
- SI: *"Gracias por haberme escuchado y colaborar conmigo".*
- NO: *"Gracias por hacer lo que te digo".*

Disco rayado

Esta técnica se trata de repetir una frase que expresa muy claramente lo que deseamos de otra persona, de esta manera podemos insistir en nuestro deseo sin caer en trampas verbales que disparen desajustes emocionales o conflictos.

Por ejemplo[1], ante la insistencia de nuestro hijo de comer otro dulce nos limitaremos a decir: "te entiendo, pero no voy a comprarte otro dulce". Él podrá seguir insistiendo, diciéndonos que por favor le compremos otro, que tiene hambre y, en lugar de responder a su comentario, responderemos nuevamente "te entiendo, pero no voy a comprarte otro dulce". El niño quizás siga insistiendo: "pero mi amigo comió muchos hoy, no es justo". Nosotros responderemos nuevamente "te entiendo, pero no voy a comprar otro dulce". Y así sucesivamente cuantas veces sea necesario. Nuestro hijo notará que no podrá convencernos y cesará en su petición. Generalmente no es necesario repetir la frase más de cuatro o cinco veces, siempre con respeto y honestidad.

Mensajes implícitos de una comunicación CER (Adaptado de Subiela García et al., 2014).

- Te escucho con el corazón, me interesa lo que tienes para decir.
- Dejo salir mis emociones y abrazo las tuyas, por más negativas que sean.
- Si algo se desborda de tu parte, lo contengo con amor y respeto.
- Estoy en el aquí y el ahora escuchando atentamente.
- Te ofrezco alternativas para ver el problema desde otra perspectiva.
- No impongo, sugiero

---
1 Adaptado de Anguiano (2003). Comunicación asertiva.

Frases útiles para abrir canales de comunicación empática:

- "¡Quée interesante!, ¿me cuentas más?"
- "¿Y eso cómo te hace sentir?"
- "¿Y tú qué harías en su lugar?"
- "¿Hay algo más de lo que quieras que hablemos?"
- "¿Y cuál es tu opinión acerca de eso?"
- No pienso lo mismo, pero te entiendo.
- "¿Y qué más te gusta hacer con ese amigo?"

Ya hemos aprendido las múltiples y variadas razones por las cuales los niños pequeños tienen estallidos emocionales y les he explicado a grandes rasgos cómo abordarlos, pero quiero profundizar en este tema y ofrecerles la mayor cantidad de estrategias y tips para gestionarlas de manera respetuosa. Comenzaremos primero con la secuencia de pasos sugerida para prevenir que se desencadenen. Estos pasos son una guía general, por lo que no son rígidos ni lineales y se irán adaptando a cada situación. Esta guía es un resumen de todo lo visto hasta ahora.

Estrategias para prevenir estallidos emocionales

1. Necesidades básicas: solo al estar atentos de las necesidades no cubiertas de nuestros hijos, gracias a la práctica del *mindfulness*, evitaremos el desarrollo de gran parte de desajustes emocionales. Cuestiónate siempre lo que está sucediendo con tu hijo y en el entorno cuando percibas que se avecina un estallido: ¿se acerca su hora de dormir?, ¿ha comido bien durante el día?, ¿ha tenido una jornada hiperestimulante y necesita un espacio más tranquilo?, ¿hay otros niños con juguetes y él no tiene ninguno a mano?, ¿hay niños jugando y él recién se integra al grupo?, ¿vamos a tener un viaje largo en auto?, ¿iremos a un lugar donde no podrá jugar?, ¿falta poco para irnos al mercado y ella está jugando a gusto? Es importante estar atentos a su comunicación no verbal, a sus gestos, a sus disparadores, tratando diariamente de generar espacios de interacción en los que prestemos genuina atención a nuestros hijos sin distractores.

2. *Elige tus batallas:* si, tras un análisis contextual de una petición o solicitud de nuestros peques que sabemos puede generar un conflicto, llegamos a la conclusión de que está es viable y segura, es recomendable ceder en la medida de lo posible. Esto no quiere decir 'perder el control' o 'dejarse manipular'; significa que tenemos la suficiente humildad y sabiduría como para reconocer que nuestro/a hijo/a necesita explorar y que está transitando el egocentrismo y la búsqueda de su individualidad. Por ejemplo: cuando mi hija tenía casi tres años siempre quería salir con su paraguas y jugar con él aunque no lloviera; era un paraguas muy pequeño. Yo podía decirle que no porque los paraguas son para la lluvia y desatar un conflicto o podía dejarla jugar. Por seguridad establecí la regla de que podía jugar con el paraguas afuera y mientras no hubiera otros niños jugando. Así lo hizo por muchas tardes; andaba con su paraguas de aquí para allá. Luego de unos días, esa necesidades de explorar el paraguas se sació

y dejó de hacerlo. Al consentir ante un pedido cuando es posible hacerlo evitaremos que muchas situaciones escalen al punto de transformarse en estallidos emocionales y, a su vez, estaremos colaborando con la búsqueda de autonomía de nuestros pequeños.

3. Las alternativas: "¿puedo jugar con el enchufe?", "¿puedo cortarle el pelo a mi hermanita?", "¿puedo pintar la mesa con tu esmalte de uñas?". La triste realidad es que el 80% de las cosas que mis hijos quieren hacer implican peligro de muerte, destrucción de propiedad o intoxicación. Y, como les he dicho en varias oportunidades, los niños pequeños se frustran cuando continuamente les decimos que "NO". Por eso, si en lugar de solo negativas ofrecemos una alternativa, sentirán que pueden elegir y que no estamos imponiéndonos todo el tiempo; sentirán la libertad y potestad de tener voz y voto. Es importante ponerse siempre en el lugar del niño. Algunos ejemplos: "no puedo dejar que saltes en la cama porque es peligroso, pero podemos jugar carreritas afuera", "no puedes cortarle el pelo a tu hermana, pero podemos contárselo a aquella muñeca que está muy viejita y le hace falta". Como verán, en la mayoría de estos ejemplos la alternativa incluye que los padres nos involucremos para afianzar el vínculo de conexión.

4. Las dos opciones: en muchas oportunidades, el disparador de un estallido emocional tiene que ver con la falta de colaboración o la negativa por parte de los hijos hacia nuestros pedidos. Cuando les imponemos alguna actividad que no les agrada, es normal que se nieguen a realizarla porque a nadie le gusta que le digan lo que tiene que hacer y porque el decir "no" a sus padres reafirma su identidad e independencia. Por eso, "no quiero", "nunca" son palabras muy utilizadas por las criaturas en la edad preescolar. Para evitar que estas situaciones escalen y generen conflicto en lugar de imponer una actividad concreta podemos ofrecer una opción alternativa. De esta manera la criatura se sentirá empoderada y con capacidad de elección, por lo que no necesitará negarse rotundamente y colaborará con nosotros. Habrá oportunidades en las que no podremos dar alguna opción, pero lo que quiero rescatar con esta estrategia es tomar consciencia de la cantidad de imposiciones sin derecho a réplica que les hacemos a nuestros hijos y como a nosotros tampoco nos gustaría que esto nos sucediera continuamente y seguramente nos haría enojar. Ejemplos: "¿Quieres lavarte los dientes antes o después del cuento?" "¿Prefieres que te cambie el pañal en la cama o parado mientras juegas" "¿Cual de estas dos camisetas quieres ponerte hoy?".

5. *Anticipación:* el bolso de Mary Poppins. Si sabemos que iremos a un lugar que no está preparado para niños, o que haremos un viaje muy largo, o que regresaremos a casa tarde; la planificación nos ahorrará muchos estallidos emocionales. Para esto deberíamos tener a mano alimentos, agua, juguetes, crayolas. Si, por ejemplo, tendremos uno de esos días burocráticos en los que debemos ir a sacar el pasaporte, que implica hacer la foto, viajar, ir al consulado... sería conveniente planificar el día dejando espacios entre actividades poco atractivas y llenarlos con momentos de

juego: podemos buscar un parque cerca, o llevarlos a alguna biblioteca. También planificar las jornadas o viajes teniendo en cuenta los momentos de siesta y descanso.

Por otro lado, es importante anticipar a nuestros hijos lo que va a suceder. Si, por ejemplo, están haciendo algo entretenido o que les gusta mucho y de golpe les decimos "nos vamos ahora a casa" muy probablemente haya llantos, pataletas o gritos porque será como un baldazo de agua fría que activará su cerebro reptiliano. La estrategia es ir anticipando el fin de una actividad de manera que cuando se termine, el peque ya ha asimilado la idea. Anticipar los acontecimientos en minutos y horas probablemente no funcione. Algunos ejemplos pueden ser: "vamos a contar diez vueltas y luego es el turno de tu amigo en el carrusel", "cuando termine este episodio apagamos la tele", "después del pastel iremos a casa". Pero, si vamos a hacer algún plan para el día siguiente o la próxima semana, mi sugerencia es anticiparnos a lo que sucederá sin demasiada antelación porque, como vimos anteriormente, ellos aún no tienen muy claro cómo funciona el tiempo cronológico y cuándo es "pasado mañana"; esto a mí me ha traído problemas. Por ejemplo, una vez mi marido le dijo a mi hijo mayor que en tres días iríamos a una fiesta y el pobre se frustró mucho porque a cada rato preguntaba "¿ya vamos a la fiesta?", y debíamos decirle que aún faltaba mucho. Este tipo de episodios nos ocurrieron varias veces hasta que nuestro nivel de atención estuvo filoso y dejamos de cometer ese error.

6. *Hacerlos protagonistas:* hacer que tus peques sean parte de tus actividades puede que te haga ir un poco más

lento, pero vale la pena. A veces me pasa que tengo que lavar trastes o cocinar (porque si no, no comemos) y justamente en esos momentos mis hijos dejan mágicamente de jugar y solicitan mi presencia. Otras veces mi niña es mi sombra y me sigue por toda la casa queriendo hacer todo lo que yo hago. Entonces tengo dos opciones: puedo enojarme, gritar y reclamarles que nunca me dejan hacer nada o puedo hacerlos parte de la actividad. Unos ejemplos pueden ser: sentar a tu hija, si es pequeña, en el lavamanos y darle una esponja: así mientras tu lavas ella disfruta el agua. Si la criatura ya es mayor: acercar su banquito a la mesada y dejarlo cortar vegetales con asistencia y con un cuchillo especial. Otra alternativa puede ser que, cuando estés en el jardín con las plantas, le ofrezcas una palita para que te ayude a remover la tierra o la manguera (es un hit, a la mayoría de los niños les encanta el agua). Si estás en tu ordenador adelantando trabajo, puedes sentar a tu crio a tu lado con una hoja y unas crayolas para que dibuje (aunque probablemente quiera tocar las teclas). Cuando laves la ropa, deja que tu hija ponga la ropa dentro de la lavadora, coloque el jabón y encienda el botón de inicio. Ciertamente las tareas llevan más tiempo, pero nos ahorraremos energía negativa y el estrés del conflicto.

7. *No salirse de las rutinas:* como comenté algunos capítulos antes, en la primera infancia los niños nos irán marcando de manera orgánica sus propias rutinas a las que debemos estar atentos. El consejo que puedo darte es que, si sabes que tu hijo duerme siesta a las 13:00 hs., evites planificar actividades o viajes media hora antes o después,

o si la música elevada lo altera evites llevarlo a aquel restaurante en el que la ponen a tope. Si a tu peque por la tarde le da hambre, prepara una vianda si planeas salir de casa. A veces no quedará otra que salirse de la rutina y, en esos casos, deberemos recurrir a la paciencia de todos los bodhisattvas del planeta y tener presente que el niño no se enoja a propósito; aceptar el momento, respirar profundo y tener en cuenta que mañana será otro día y que podremos volver a la rutina normal a la que están habituados.

8. Autoridad sobre su propio cuerpo: A veces, forzamos a nuestros hijos a hacer cosas con su cuerpo que no quieren y eso se aleja absolutamente del respeto. "Dale un beso a la abuela, no seas malo". La mejor manera de terminar con la violencia patriarcal y los abusos es respetar los "No" de nuestros pequeños. Si quieren cortarse el pelo o ponerse la camiseta mas viejita, respetemoslos, dejemos de proyectarnos en ellos, evitemos que nuestra vanidad nos domine. Por supuesto que no vamos a dejar que se pongan amoníaco en el cabello, pero podemos buscar alternativas.

9. Aceptación: aceptar no quiere decir resignarse, sino aprender a bailar en la lluvia. Una vez, una mamá de dos nenas chiquitas que forma parte de uno de mis grupos se estresaba porque llegaban las vacaciones y sabía que habría conflictos: que no podría leer un libro en la playa, que sus hijas se iban a pelear, que el viaje sería largo por lo que los gritos estarían a la orden del día y que, en definitiva, no iba a poder disfrutar de sus vacaciones como ella quería, deseaba, anhelaba. No podemos pretender cambiar el comportamiento de una criatura, menos en las vacaciones; ni podemos fantasear con que vamos a hacer las mismas cosas que cuando viajabamos solos. Ponernos en la cabeza expectativas irreales solo conseguirá hacernos sentir mal y provocarnos ansiedad (que los niños percibirán, aumentando su nivel de estrés y, por consiguiente, el nuestro) Tenemos que ir con el mindset de que a nuestros hijos les costará un par de noches adaptarse a un nuevo lugar, que quizás amanezcan más temprano, que si tenemos suerte hasta podremos empezar el libro y leer tres páginas e ir preparadas mentalmente para eso y también planificar en función a los probables disparadores de conflictos que pueden surgir en un viaje. Aceptar es aprender a disfrutar aun en situaciones que se alejan del ideal; aceptar es aprender a disfrutar del encanto del caos que es maternar niños pequeños. Ya tendremos muchas oportunidades de leer el libro, pero no tantas de verlos jugar en la arena o a "Marco-Polo" en la piscina. A veces cansa, claro, pero esa es nuestra realidad hoy y seguramente deseamos mucho ser madres, disfrutémoslo. La aceptación nos quita muchos pesos innecesarios de encima. La aceptación puede trabajarse a través del *mindfulness* y ha implicado un antes y un después en mi crianza y en mi vida.

Es muy importante también no decretar; "te vas a caer, te vas a golpear". No tenemos la bola de cristal: un lenguaje consciente y honesto seria: "te puedes caer, te puedes golpear", así tu hijo tomará las precauciones necesarias pero no se sentirá reprimido o con tanto miedo como para no atreverse a experimentar. Sin embargo es importante tener en cuenta que no es lo mismo dos escalones que el borde de un balcón, por lo que los límites oportunos (de los que les hablaré en un próximo capítulo) deben ser utilizados a consciencia.

Pasos a seguir para gestionar estallidos emocionales

Si a pesar de todo no hemos podido prevenir una explosión emocional, lo cual es normal y necesario, podemos recurrir a las siguientes sugerencias:

1) **Ser como el Buda:** mantener la calma. Suena romántico y utópico, ¿no? Lo sé, pero, como ya hemos visto, es imprescindible como medida integradora aprender a regular nuestras propias emociones ante los estallidos emocionales de nuestros hijos. Sé en carne propia lo difícil que es esto, a mí me costó muchísimo (y por momentos me sigue costando) controlar mis impulsos emocionales. Vengo de una familia amorosa y presente pero muy "gritona", en un mix de sangre italiana y latinoamericana. En mi casa el grito estaba absolutamente normalizado, sumado a que no he sido dotada con el don de la paciencia, por lo que aprender a hablar desde la calma me ha tomado muchísimas horas de práctica de *mindfulness*, meditación, retiros, yoga, indagación, autoconocimiento, lectura y aceptación. Hay personas (como mi marido) que por carácter o personalidad pueden hacerlo de manera más natural y después están aquellas como yo, de sangre caliente y muy impulsivas,

que necesitan de un trabajo personal para mantener sus emociones reguladas. No importa si hay mil personas mirándonos o estamos solos en casa, debemos ser ejemplo vivo de regulación emocional. Muchas veces es imposible que el tiempo entre el principio y el final de un estallido emocional pueda acortarse, y, en esas ocasiones, no queda más que mantener el autocontrol.

Cuando nuestro hijo empieza a llorar o gritar descontroladamente debemos parar un segundo antes de hablarle. Respirar profundo y analizar el contexto antes que nada: ¿está herido?, ¿lo han golpeado?, ¿le han quitado un juguete?, ¿está exigiendo algo que no podemos darle?, ¿es un berrinche consciente del cerebro superior o un estallido emocional del cerebro inferior?, ¿qué necesidad no está cubierta? En función de los motivos, elegiremos las palabras para abordar la desregulación. De este modo, podremos poner en perspectiva la seriedad y gravedad de la situación.

Como adultos, tenemos que mantener la calma para poder elegir qué respuesta vamos a dar, pero también para ayudar al niño a calmarse ya que los circuitos neuronales activados en una persona que realiza acciones, expresa emociones y tiene sensaciones, también se activan automáticamente por medio de las neuronas espejo en la persona que observa dichas emociones, sensaciones y acciones (Gallese, Eagle y Migone, 2007). Por esto se torna indispensable mantenernos serenos cuando estamos gestionando un desajuste emocional, para que, al sintonizar con nuestra calma, nuestros hijos nos repliquen. Practicar la respiración profunda y consciente ya sea por medio de ejercicios, meditación o yoga nos dará herramientas para regular nuestra propia respuesta emocional y así mantenernos calmados y centrados

2) Reconocer y validar: sin importar si es un berrinche o un estallido emocional, es indispensable avalar las emociones de los niños y te sorprenderá cómo en muchas ocasiones con esta sola estrategia tu bebé logra calmarse. Para esto, lo primero que haremos será ubicarnos a la altura de la criatura y mirarlo a los ojos. Si se deja, abrazarlo o tomarle la mano y acto seguido intentaremos poner en palabras lo que está sintiendo. Ej: "estás enojada porque te quitaron tu juguete, ¿no? Yo te entiendo, ese juguete te gusta mucho" y repetir: "yo sé que este juguete te gusta mucho, yo entiendo que estás enojado" y volver a repetir "yo sé que tú lo querías, yo sé que estás enojada". Es impresionante cómo, cada vez que lo repetimos, la criatura se va calmando; ese sentirse comprendido y validado lo ayuda a bajar la guardia. Validar quiere decir hacerle saber al niño que es normal y que no tiene nada de malo sentir una emoción negativa. "Yo sé que estás enojado, lo entiendo, también me enojo cuando me quitan algo", en lugar de "no te enojes, si no pasa nada" o "no hay de qué tener miedo". Es muy común que cuando los peques se sienten felices o alegres los padres los incentivemos a expresar esas emociones, les hagamos preguntas al respecto, les hagamos porras, indaguemos. Pero cuando nuestros hijos están enojados, frustrados o temerosos, a veces sin darnos cuenta, tendemos a suprimir esas emociones, reprimirlas o tratar de cambiarlas. Aun cuando nuestras intenciones sean buenas, los efectos de nuestras palabras pueden tener el resultado opuesto: por ejemplo, si con toda la buena intención del mundo le decimos a nuestra hija de cuatro años que no tenga miedo porque siempre estará segura mientras estemos a su lado, cuando por alguna razón no podamos acompañarla, ese miedo escalaría enormemente y quizás esto la lleve a querer estar siempre con nosotros y sufrirá mucho la separación. Por eso, debemos tener cuidado con las palabras que usamos, empoderarlos y aceptar que algunas cosas sí dan miedo. Es normal sentir miedo y enojo aun teniendo a mamá y a papá a nuestro lado.

3) **Zona segura:** si la situación lo amerita, trata de apartar al infante del lugar físico del conflicto para poder conectar con más intimidad y evitar estímulos externos que exacerban la situación: ruido, llantos, otros niños, un juguete o alimento en particular, etc. Buscar un lugar tranquilo y seguro. Con mucho respeto y amor dirigir al niño hacia allí y, en caso de que esté pateando o pegando, tomarle las manos y abrazarlo para que no se lastime ni lastime a otros. Lo que intentamos con esta técnica es minimizar la cantidad de estímulos sensoriales que rodean a la criatura y que lo alejan de la autorregulación. En este lugar intentaremos empatizar y quizás explicar la situación en pocas palabras. Es importante comentarle al niño a dónde lo llevamos, por qué lo estamos haciendo y nunca dejarlo solo.

4) **Redireccionar su atención:** cuando ya hemos validado y conectado con el cerebro emocional y el

niño se ha calmado un poco, recién entonces podemos redireccionar. Esto lo haremos para mover el foco de atención del objeto del conflicto a un objeto o situación neutra; de algo que no puede hacer a algo que sí puede hacer. Un ejemplo: "mira: afuera hay mariposas, vamos a verlas", o "están por llegar tus amigos, vamos a preparar la merienda juntas". Primero debemos conectar al reconocer y validar sus necesidades, emociones, malestar o deseos para luego redirigir y esto lo haremos de manera verbal mediante palabras y de manera no verbal por medio de gestos y demostraciones de afecto.

5) Límites y consecuencias: si ninguna de las estrategias anteriores ha funcionado y el niño sigue insistiendo en un comportamiento que pueda lastimarlo, lastimar a otros o que acarree consecuencias negativas, deberemos implementar los límites respetuosos.

6) Educar para el futuro: una vez que nuestro(a) hijo(a) se ha calmado, aunque sea un poco, hay que explicarle de manera clara y sencilla lo que ha pasado y las razones por las que no pudimos dejarle hacer lo que quería. Aunque aún no esté listo para entender explicaciones complejas, sí puede comprender, en parte, causa y consecuencia si adaptamos lo que queremos decir a un lenguaje más simple y concreto. Si tiene edad suficiente, es importante preguntarle qué opina al respecto y qué está sintiendo, o si ahora que está más calmado y puede evaluar lo que pasó hubiera hecho algo diferente. Podemos hacerle las siguientes preguntas : "¿qué te hizo enfadar?", "¿qué sentías cuando pasó aquello?,"¿te parece que lo que hiciste estuvo bien?", "¿cómo te sientes ahora?. Yo me siento así...", "¿qué podemos hacer para que esto no vuelva a suceder?", "¿te gusta que te abrace cuando estás enfadada o prefieres que me aleje un poco?", "¿hay algo que quieras decirme?". Esto lo hacemos para que, por medio de un diálogo respetuoso y empático, podamos hablar de lo que ha pasado; las causas, las consecuencias, las emociones, las reacciones, los sentimientos y, al mismo tiempo, encontrar ideas y llegar a acuerdos para una próxima ocasión.

Qué no debemos hacer durante una explosión emocional

1 · Nunca debemos ignorar o negar el contacto físico afectivo.

2 · No debemos etiquetar a nuestros hijos: el foco debe estar en la acción y no en el actor: "lo que hiciste estuvo mal", en lugar de "qué niño malo".

3 · No debemos usar el chantaje como estrategia: "si dejas de llorar compraré un juguete". Esta actitud, más allá de ser conductista y no favorecer la autorregulación, le enseña al niño que si llora puede obtener algo que desea.

4 · No debemos usar los alimentos para tratar de controlar una emoción: "si dejas de llorar te daré un dulce". De esta forma estaremos enseñándole al niño que la pena o el dolor se curan con comida

y predisponiendo al desarrollo de trastornos de la conducta alimentaria.

5 · No debemos forzar al razonamiento lógico en pleno estallido emocional. En ese momento es conveniente enfocarnos en empatizar y validar emociones.

6 · Nunca debemos ponerle condiciones a nuestro amor: "lo que hiciste estuvo mal, estoy enojada pero eso no significa que te ame menos, siempre te voy a amar". Mi hijo mayor me ha preguntado muchas veces si he dejado de quererlo o si lo quiero menos y siempre le afirmo lo contrario. Hay que saber separar.

7 · No utilizar "el rincón de pensar": apartar a un hijo de nuestro lado y obligarlo a que se vaya a *"pensar"* en lo que *"hizo mal"* y que no puede salir hasta que *"reflexione"* o *"se calme"*, no es ni justo, ni empático, ni respetuoso. Esperar que un preescolar reflexione sobre una acción que quizás simplemente no percibe como incorrecta o pedirle que comprenda las causas de su reacción cuando, en general, son impulsos automáticos del cerebro primitivo, no es realista. Además, apartar o ignorar a un hijo cuando hace algo que consideramos negativo probablemente le genere angustia, se sienta humillado, rechazado o simplemente se quede en el rincón imaginando algún juego hasta que le quites el "castigo".

8 · No debemos obligarlos a compartir: los preescolares están aprendiendo a compartir, pero nunca debemos obligarlos a hacerlo, sus juguetes son de su propiedad. Ellos con el tiempo y con el ejemplo aprenderán a compartir, también como una forma quizás de socializar. Violentar sus pertenencias y sus cuerpos no es respetuoso.

9 · No debemos obligarlos a disculparse: este es otro aspecto que necesita tiempo para ser madurado y asimilado. La disculpa debe ser honesta y genuina, por lo que obligarlos a hacer algo que no sienten o no comprenden es, básicamente, enseñarles a mentir y manipularlos.

Premios y refuerzos positivos

Quien sigue los lineamientos de la disciplina C.E.R. no saca privilegios ni premia buenas conductas, ya que lo que pretende este modelo NO es condicionar comportamientos o manipular a los hijos como si fueran marionetas, sino fomentar el desarrollo de un criterio propio a largo plazo acerca de lo que está bien y lo que está mal, lo que es correcto e incorrecto. Además, está demostrado que cuando el estímulo cesa, la conducta también lo hace porque el niño no ha interiorizado ningún aprendizaje nuevo. Por último, si criamos con respeto y atención plena intentaremos educar a nuestros hijos para que sus buenas acciones sean motivadas por amor y altruismo y no por conveniencias personales. Los refuerzos por medio de premios ante conductas que consideramos positivas van en contra de este valor. Lo que nunca está de más es agradecer de manera sincera una conducta que nos produce bienestar.

Quizá también hayas escuchado acerca de los refuerzos positivos por medio de elogios y alabanzas; yo estoy en desacuerdo con esta herramienta cuando se usa de manera indiscriminada e inadecuada, porque entiendo muchas veces, esconde un dejo de manipulación. Aun así, no hay orgullo más grande que ver a nuestros hijos dominando habilidades: los primeros pasos, las primeras palabras, el primer partido de fútbol o recital de ballet y hasta la primera vez que se sientan solitos son momentos épicos y los celebramos con euforia. El orgullo rebasa nuestro pecho y es normal sentirse así. Pero demasiadas veces nos encontramos alabando o aplaudiendo cosas que nuestros hijos ya dominan hace tiempo, o exageramos sus logros y, debo decirles que los niños se dan cuenta cuando no somos del todo sinceros con nuestras alabanzas y, aunque creamos que elogiar es siempre positivo, hay momentos y formas en las que pasa todo lo contrario. Como dice Marshall Rosenberg (2003):

«El elogio queda despojado de todo lo que tiene de hermoso cuando el que lo recibe se da cuenta de la intención que se esconde detrás de él y advierte que es una manera de engatusarlo para conseguir algo a cambio. Además, cuando hacemos comentarios positivos como medio de influir en los demás, no tenemos la certeza de cómo recibirán nuestras palabras».

Las alabanzas en exceso o exageradas podrían hacer que tu hijo se vuelva dependiente de la aprobación externa, necesitándola constantemente para conseguir sus metas y sentirse seguro. Además, los elogios en general ponen énfasis en el resultado y no en el proceso y en aspectos más superficiales como las características físicas y, si son realmente excesivos, podrían ser el combustible para el desarrollo del narcisismo. Por último, en muchas ocasiones se utilizan cuando el niño o la niña hacen algo que a nosotros los padres nos gusta o nos queda cómodo pero que no necesariamente es correcto. Por eso, a la hora de hacerles un cumplido para motivarlos, podemos seguir los siguientes lineamientos:

- Ser específicos
- Ser sinceros
- Valorar el proceso y no el resultado
- Hacerles cumplidos solo sobre atributos o características que ellos tienen el poder de cambiar o mejorar
- Usar palabras que describen estándares realistas y alcanzables
- No excedernos al elogiar logros que se consiguen muy fácilmente
- Analizar si lo más honesto según la situación es un elogio o un agradecimiento
- El enfoque debe ser el de motivar a la criatura a dominar habilidades, no a compararse con otros niños

Sé que estamos acostumbrados a elogiar y que muchas veces las palabras salen de nuestras bocas sin que nos demos el tiempo ni siquiera de procesarlas, esto es normal. Es una mezcla de orgullo y amor maternal/paternal sumado al tipo de comunicación al cual estamos acostumbrados de toda la vida. Te invito a trabajar la atención plena en este aspecto y cuestionarte continuamente desde dónde, por qué y qué estás elogiando de tus hijos.

Estrategias para gestionar desajustes emocionales en nosotros mismos

Tiempo fuera de los padres

Si por alguna razón notas que estás agotada en "ese momento", que te está costando mantener la calma o que estás cerca de reaccionar de manera violenta, busca apoyo, trabaja en equipo. Pide a tu pareja o a alguien de confianza un tiempo fuera de madre/padre y deja a otro adulto a cargo de la gestión del estallido emocional y, cuando logres calmarte y controlar tu rabia, regresa a hablar con tu hijo. Como adultos, a veces necesitamos también dejar el lugar del conflicto por un momento para intentar bajar el nivel de reactividad. La maternidad no es fácil y no viene con un manual. Es necesario dejarles claro a tus hijos que saldrás un momento del lugar porque estás muy enojada y necesitas calmarte (tú, no ellos) para que no sientan que les estás abandonando. Así mismo, debemos tratar de no irnos lejos o por demasiado tiempo, sino lo suficiente como para hacer algunas respiraciones o caminar un poco y así volver a nuestro estado hormonal basal.

Gestión del enfado en cuatro pasos para padres

Este ejercicio lo aprendí en una de las clases de mi Máster de la mano de Juan Pedro Sánchez (https://www.juanpedrosanchez.com - @juanpedrosanchezoficial).

1. Me detengo por un segundo y acepto que el enfado es mío y no de mi hijo; no acuso a nadie por mi enfado. No pongo la responsabilidad en mi hijo. El disparador de mi enfado es mío y, por lo tanto, puedo hacer algo para gestionarlo.
2. Regulo mi intensidad emocional antes de responder: hago un par de respiraciones abdominales profundas.
3. Reflexiono: ¿Qué quiero lograr con mi respuesta?, ¿quiero lastimar a mi hijo, fastidiarlo?, ¿quiero demostrarle que yo soy quien manda?, ¿quiero calmarlo?, ¿quiero ayudarlo?, ¿quiero que colabore?, ¿quiero que se tranquilice? Según lo que quiera,: seleccionaré la estrategia y las palabras adecuadas.
4. Cuando me comunico con mi hijo, ¿hablo de la emoción o desde la emoción? El objetivo es hablar de la emoción: "me estoy poniendo nerviosa" y no desde la emoción "me estás poniendo nerviosa". Si hablo desde la emoción se nota por mi tono de voz y mi lenguaje no verbal. Tras pensar esto, vuelvo a tratar de entender qué está necesitando mi hijo, preguntándole.

Anclaje emocional

Un día, mi marido me pidió una foto de los chicos y le pregunté para qué la quería, "es que he notado que las únicas oportunidades en las que siento que me salgo de control o termino subiendo mi voz es cuando los niños están en el auto al regreso de la escuelita y yo espero que duerman su siesta como lo hacen habitualmente y, a veces, les toma mucho tiempo y eso me pone nervioso y me frustra. Quiero tener algún objeto presente en el auto que me haga recordar que ellos son criaturas y que yo soy el que debe gestionarse; si no tienen sueño no van a dormir y punto". Lo que mi marido me estaba pidiendo sin siquiera saberlo era un anclaje emocional, una figura, una foto o un objeto que llame nuestra atención y nos sirva como recordatorio de algo que queremos evitar hacer, en este caso, la subida del tono de voz por la frustración. Este es un claro ejemplo de por qué es indispensable autoconocernos y cuestionarnos continuamente cómo estamos actuando y reaccionando en nuestra crianza para reconocer esos espacios o situaciones que sirven como gatillos de respuestas automáticas e impulsivas.

Consejos y sugerencias desde mi experiencia personal con mi hijo mayor

Cada niño es diferente, único e irrepetible y, aunque a nivel de desarrollo y según la edad manifiestan similitudes, hay aspectos de personalidad, genéticos y ambientales que los diferencian. Por eso, lo que con mi hijo funciona perfectamente, con el tuyo tal vez no. Aun así, me parece interesante compartir contigo estas dos técnicas que me inventé sobre la marcha para ayudar a mi hijo a gestionarse por qué quizás también funcionen con tu crio:

"Tú tienes el poder"
(Edad recomendada: a partir de los tres-cuatro años).

"Lo que haces habla tan fuerte que no puedo escuchar lo que dices" - *Anónimo.*

Max me pide una salchicha "de esas con la cosita así" y se frustra porque no entiendo a qué salchicha se refiere. Me dice "mami tonta" y me amenaza. Me pongo a su nivel de altura y le digo lo que siento mientras me amenaza con escaparse por la ventana: "entiendo que estás enojado, lo siento pero no voy a permitir ni que me insultes, ni que te escapes por la ventana. Tú tienes que elegir si quieres que la tarde siga llena de discusiones y gritos o si prefieres un abrazo ahora, y que intentemos seguir de buena manera y tranquilos. Yo estoy tranquila, pero si me sigues amenazando, en algún momento quizás reaccione mal o suba el tono de voz y sigamos discutiendo y pasándolo mal". Él me mira, le repito "tú tienes el poder de elegir", él sigue serio, pero en ese momento viene corriendo y acepta mi abrazo y me pide disculpas por decirme tonta. Se acaba el conflicto y la tarde fluye muy tranquila. Me costó mucho entender a qué salchicha se refería, pero cuando se tranquilizó pudimos hablar con más calma y con respeto y solucionar juntos el problema.

"Tu cerebro está cansado"
(A partir de los dos años)

Max ya tiene cinco años y, honestamente, sus desajustes emocionales son mínimos, muchísimo más cortos y menos intensos que cuando tenía dos o tres, pero siempre le costó bastante regularse cuando despertaba de sus siestas; el tema del sueño es algo que le ocasionó muchas desregulaciones. Desde los dos y medio hasta los cuatro, cada vez que se despertaba de su siesta lo hacía llorando y necesitaba unos cinco o diez minutos para regularse. Por otra parte, cuando estaba próxima su hora de dormir tenía la tendencia de tener menos paciencia y enojarse y, a veces, mostrarse un poco agresivo. Lo que empecé a hacer cuando vi este patrón fue decirle sistemáticamente y cada vez que esto pasaba "Cuando estamos cansados, el cerebro no funciona bien y se enoja mucho, y a veces eso nos hace llorar. Respira, es tu cerebro, no eres tú". Eso se lo repetí un millón de veces, con mucho amor y paciencia cada vez que se despertaba llorando o se enojaba por el cansancio. El otro día estaba jugando con sus amigos, y como es verano oscurece mucho más tarde, entonces no nos dimos cuenta y su hora de dormir se nos pasó (él siempre duerme a la misma hora, su cuerpo se lo pide y él nos lo pide, pero esa noche tenía mucha adrenalina por el tipo de juego). De repente, empecé a notar que se ponía un poco más agresivo y que su rostro reflejaba enojo, ya cada vez tenía menos paciencia en el juego y cuando me acerqué a decirle que en un ratito ya nos iríamos a dormir, él solito me dijo: "mamá, creo que mi cerebro está cansado, vamos a la cama". Yo me quedé anonadada y me sentí muy orgullosa porque él no solo estaba reconociendo los mensajes corporales y sus emociones, si no que cada palabra que le dije, con el tiempo, calaron hondo.

Espero que estas recomendaciones te sirvan, o quizás puedas adaptarlas a las necesidades de tus hijos; lo que pretendo al compartirlas es darte ese rayito de luz de esperanza. A veces, cuando criamos con respeto, sentimos que vamos a contracorriente, nos da miedo que tal vez nos estemos equivocando o siendo muy permisivos. Muchas veces, la sociedad también nos lo hace sentir, entonces, quiero que sepas que la crianza con respeto da frutos dulces, exquisitos y esto no solo lo digo por mis hijos, sino por los cientos de niños que he conocido en estos años de asesoría. NO desistas: verás los resultados y tu corazón explotará de amor y orgullo. Por otra parte, si has probado alguna técnica en particular respetuosa y te gustaría compartirla con otras mamis no dudes en comunicarte conmigo. Al final del libro están mis datos de contacto.

Cuando los bebés pegan

"El odio no se termina con odio, se termina con amor" - Buda.

Uno de los comportamientos que particularmente me preocupaba de mi hijo mayor cuando tenía unos dieciocho meses era que cada vez que salíamos a jugar con otros niños él los empujaba, les pegaba o invadía su espacio personal. Esta situación me estresaba mucho. Creía que era el único que se comportaba así y muchas veces ya no tenía ganas de salir con él porque no sabía cómo controlarlo; me sentía la peor madre del mundo. Muchas mamás que me han consultado han experimentado algo similar. Otras, con bebés más pequeños (de entre doce y quince meses) me comentaban que cuando sus hijos estaban ofuscados o enojados les pegaban o pegaban a otros cuidadores y que eso para ellas era intolerable pero no sabían cómo gestionarlo porque eran muy chiquitos.

¿Por qué pegan los niños pequeños?

Cuando la criatura es muy chiquita es completamente normal que, al sentirse estresada o enojada, reaccione pegando. Recordemos que el cerebro dominante es el reptiliano que reacciona mediante la huida o el ataque: y si tu hijo/a no puede huir porque, por ejemplo, está siendo cargada/o, o no puede gatear o caminar, solo le queda el ataque. Dicho esto, es importante que entendamos que no hay nada anormal con el niño y que no es "malo". Cuando tienen menos de dos años, lo que podemos hacer de manera respetuosa es agarrar su mano con suavidad y decirles claro y conciso: "no, au, duele" (mientras hacemos un gesto con la cara de dolor pero NO de enojo para ayudar a activar sus neuronas espejo) y separarle momentáneamente de la escena del conflicto. Allí le diremos que entendemos su enojo pero que pegar lastima y no vamos a permitirlo. Que si le apetece tocarnos puede acariciarnos y le mostramos como hacerlo. De esta forma nos enfocamos en lo que sí puede hacer en lugar de lo que no puede.

Como siempre les digo, debemos cuestionarnos cuáles fueron los detonantes de su reacción y necesidades no cubiertas para prevenir que esto suceda de nuevo. Aunque estemos hablando con un bebé que quizá no entienda la complejidad de nuestras palabras, algo va quedando en su memoria y en su cerebro. Será mediante la repetición, la madurez y nuestro ejemplo que aprenderá a regular reacciones agresivas.

Cuando los niños son más grandecitos, pegar también puede ser una forma de llamar la atención negativamente.

Volviendo al ejemplo que les di de mi hijo pegando: yo en ese momento no entendía qué estaba pasando con él y en mi ignorancia pensaba que quizás le gustaba sacarme de quicio o me estaba desafiando. Comencé entonces a devorar libros de crianza y estudios científicos de neurociencia y psicología y comprendí que lo que mi hijo tenía era pura frustración y enojo: él quería hacer amigos pero no sabía cómo. Aún no dominaba el lenguaje y tenía escasas habilidades sociales, entonces intentaba llamar la atención de esos niños con los que quería jugar y lo hacía de manera negativa. Tenía una necesidad social y requería de mi ayuda. En términos generales, a mayor desarrollo del lenguaje, menor serán las veces que el infante usará la agresión física y viceversa. Por otra parte, mientras más habilidades sociales aprende (compartir, ayudar a otros, esperar su turno, hacerse comprender) menor será la necesidad de reaccionar agresivamente. Al dominar estas capacidades, los niños aprenden otras formas de obtener lo que quieren o necesitan de una manera positiva evitando el conflicto.

Técnicas y sugerencias para ayudar a tu hijo a no golpear: dieciocho a treinta y seis meses

1. **Estimula la empatía:** la comunicación sigue siendo lo más importante en la relación con nuestros hijos. Describir situaciones conflictivas que pasan alrededor, con otros niños o adultos, y preguntarles cómo se sentirían si les pasara lo mismo los ayuda a desarrollar empatía.

2. **Negociación:** este comportamiento surgió espontáneamente en Max. Cuando quería algún juguete, se acercaba al niño que lo tenía y le ofrecía una opción para intercambiar. Fomentar esta habilidad los ayudará a evitar arrancar el juguete o golpear para obtenerlo. Por eso, tener guardados en la bolsa o cartera algún autito o muñequito para intercambiar puede ser práctico.
3. **Jugar a "la peleíta":** la mayoría de los papás desconocen que jugar a pelearse les otorga a los preescolares una experiencia de aprendizaje muy valiosa, es más, tanto animales como humanos usan la simulación de peleas para interactuar con sus pares. Aunque pueda parecer peligroso, la pelea simulada es positiva ya que marca un nuevo estadio en el desarrollo del niño, debido a que esta acción requiere de autocontrol por un lado y de la habilidad de simular con gestos por otro. Al mismo tiempo, les permite aprender a seguir ciertas reglas como dejar al otro ganar ocasionalmente, no usar demasiada fuerza, no lastimar al otro jugador y asegurarnos que todos los participantes se están divirtiendo. Al jugar a pelearse el niño aprende a controlar las reacciones agresivas y disminuye, de esta forma, la frecuencia de los golpes. Por eso, pueden en casa jugar a la "peleíita" o a la guerra de almohadas y, cuando vemos que nuestro hijo está simulando una pelea con amigos, dejarlo que siga su juego pudiendo sugerir en estos casos reglas para que no se transforme en algo violento.

Cuando los niños son más grandecitos y su nivel de comprensión lógica está más desarrollado, los comportamientos agresivos disminuyen muchísimo. Además, si has criado con respeto, será difícil que tu hija de tres o cuatro años reaccione pegando porque seguramente habrá aprendido otras formas de regular su emoción. Aun así, va a seguir sucediendo esporádicamente y es normal. En esos casos hay que recurrir a los límites respetuosos y aclararle al niño (mil veces si es necesario) "no voy a permitir que me/le pegues" con un mensaje claro y breve. Y luego hablar, dialogar, indagar qué pasó, qué fue lo que los impulsó a golpear y tratar de conectar generando en tu hijo empatía, por ejemplo diciéndole: "¿recuerdas cómo te sentías cuando Pedrito te pegó? Seguramente tu amigo se siente así ahora".

En definitiva, todos los niños, ya sean criados o no conscientemente, a veces se vuelven físicos o dicen cosas muy hirientes lo cual a madres y a padres nos gatilla y nos resuena porque: "si no apago ese fuego mi hijo será un violento", "en una familia respetuosa no hay lugar para la violencia", "si mi hijo es un violento se cae por la borda mi crianza respetuosa", por lo que terminamos por reprimirlos, frenarlos y no dejarlos transitar la agresividad que NO es sinónimo de violencia. La violencia es aprendida y su fin es herir o lastimar al otro, tiene una intencionalidad muy marcada y está ligada al poder, al control y al sometimiento de una víctima. En contraste, la conducta agresiva es un comportamiento básico y primario de todos los seres vivos, presente en todo el reino animal. Muchos autores dedicados a investigar la agresividad física infantil sostienen que la intencionalidad que se le atribuye en algunas definiciones a los comportamientos agresivos no puede extrapolarse a varias de las conductas infantiles (morder, pellizcar, pegar) hasta que las criaturas tengan una edad en la cual su desarrollo y maduración les permitan comprender las consecuencias de sus actos. Por otra parte tampoco puede decirse que una conducta infantil agresiva es intencional, y por la tanto violenta, si la misma se ha manifestado de manera impulsiva en respuesta directa a emociones como la ira o el miedo (Carrasco Ortiz y González Calderón, 2006). Si por ejemplo dos niñas están jugando a las cartas y de repente una de ellas se enoja porque pierde y pasado un rato del acontecimiento regresa a buscar a su compañera, la empuja y le rompe su juego allí podríamos hablar de un comportamiento violento. Pero si dos criaturas están jugando, por ejemplo, a abrir y cerrar una puerta y una de ellas aprieta fuerte la mano de la otra y esta ultima responde automáticamente dandole un golpe, estamos ante una respuesta agresiva pero no violenta. O si un niño intenta ocupar el espacio físico de su compañero en la fila y este último lo empuja para evitarlo tampoco sería estrictamente violencia.

Los peques son como ollas a presión: necesitan una vía de escape para sus emociones, para todas incluidas la ira y el enojo, de lo contrario las acumularán y cuando la presión sea tan intensa que ya no la puedan soportar la olla explotará y el daño será mucho mayor. Además, la vía de escape permite regular la intensidad de la expresión emocional. ¿Con esto quiero decir que debemos dejar que los niños nos lastimen o lastimen a otros? No, pero sí deberíamos darles el espacio para que expresen y transiten su enojo en un contexto cuidado y contenido.

Una mañana en la escuelita de mi hijo él y su compañero comenzaron a discutir sobre a quién le tocaba ir adelante en el juego, los dos estaban enojados tratando de obtener ese lugar. La situación escaló a gritos y luego a insultos. Mientras sucedía, la guía del lugar y yo (que estaba presente) observamos la situación tratando de no intervenir, dándoles la oportunidad de expresar su enojo pero manteniéndonos muy cerca y atentas. De repente, el compañero le da una patada a mi hijo y este le responde automáticamente con una cachetada: en ese momento intervenimos, no antes. Los distanciamos para que no se lastimen, sin buscar culpables y tratando de contenerlos. Ambos terminaron llorando producto de la frustración y la adrenalina del momento. Cuando las aguas se calmaron nos sentamos los cuatro y analizamos la situación, indagando los detonantes y ellos sugirieron alternativas a futuro para no terminar a los golpes: buscar a un adulto, ir a otro lugar, tomar turnos, etc.

El niño que expresa su frustración mediante conductas agresivas nos está comunicando a su manera que necesita ayuda, una guía para aprender a gestionar ese torbellino emocional y esa fuerza que parece apoderarse de su cuerpo, porque a edades tempranas todavía no saben cómo gestionarlas y eso les tomará años. Por último, no es poco común en nosotros los adultos que cuando bajamos la reactividad y conectamos con nuestro cerebro racional luego de decirle alguna palabra hiriente a un ser querido en plena discusión terminemos por pedirle disculpas y hasta nos sintamos culpables: esto también le sucede a los peques.

Habrá ocasiones en las que quien reciba el golpe sea tu hijo y este punto es bastante complicados para las mamás porque, por un lado, no queremos que sean agresivos pero tampoco queremos que terminen siendo victimas de acoso. Cuando son más pequeñines, los padres estamos más pendientes supervisando el juego y cuando vemos que comienza una agresión intervenimos; pero cuando los niños ya tienen cuatro o cinco años la supervisión es cada vez menor porque, justamente, pueden gestionarse bastante bien. Entonces a veces empiezan los golpes y llegamos demasiado tarde. La estrategia que yo usé con mi hijo fue la de agotar todos los recursos: cuando alguno de sus amigos intentaba pegarle y no había adultos alrededor, lo primero que hacía era tratar de frenar el golpe con sus brazos. Le mostré cómo hacerlo, mientras llamaba al adulto que estuviera más cerca. Si ningún adulto lo asistía y su amigo le estaba pegando y lastimando, tenía que defenderse como pudiese y le di un par de ejemplos. Una prima me dijo una vez que defenderse no era válido porque era violencia (paradójicamente, vi a su hijo varias veces pegándole al mío), pero en eso yo tengo que disentir con esta persona y esto es muy personal. La palabra defender significa amparar, librar, proteger, impedir, resistir un ataque. Yo no le estoy pidiendo a mi hijo que ataque o que pegue; sino que evite que a él lo lastimen. Voy a darte tres razones por las que creo que un niño debe defenderse cuando no hay adultos que lo ayuden a no ser lesionado:

- Nadie tiene el derecho de lastimarnos. A mi hijo siempre le repito este mantra: "Tu cuerpo es tu templo y nadie tiene derecho a lastimarlo; tu cuerpo es sagrado".
- Ni la agresión ni la violencia se justifican bajo ningún punto, pero tampoco podemos dejarnos lastimar sin responder porque, al ir contra nuestros propios instintos de supervivencia bloqueándolos, podríamos llegar desarrollar una tendencia a normalizar el maltrato y terminar siendo físicamente abusados más tarde. Si a mi hijo lo lastiman y el reacciona automaticamente con agresión, no puedo ni culparno ni satanizarlo, debo tener presente que su cerebro inferior esta al mando cumpliendo su función: proteger la vida.
- No siempre estaremos en entornos respetuosos o con un adulto mayor que gestione con respeto, por lo que las criaturas tienen que tener herramientas para no terminar gravemente lastimados.

Más allá de todo, es muy raro que los niños terminen defendiéndose porque, en general, cuando están siendo gestionados con respeto y consciencia logran resolver el conflicto sin llegar a este punto. No he visto niños de siete u ocho años, que vengan de familias respetuosas, terminar a los golpes.

Cuando otros niños hieren a tu hijo: cómo reaccionar de manera positiva

Una tarde, mi hijo de cuatro años en ese entonces,

había salido al parque con su papá a jugar con su traje de caballero; un disfraz que él adoraba y usaba todo el tiempo. Aparentemente, unas niñas se burlaron de él y ya no quiso usarlo ese día, estaba triste. Llegó a casa y enseguida quiso quitarse el traje y dijo que ya no quería usarlo, algo que llamó mucho mi atención. Entonces le pregunté a mi esposo qué había pasado y me contó la situación.

Duele. Duele mucho cuando nuestros hijos sufren y, sobre todo, cuando son otros niños los que los hieren porque es muy difícil como padres gestionar y dejar fluir sin que nos gane el impulso de defender a nuestras crías. El instinto de mamá loba es muy fuerte, queremos proteger a nuestros cachorros y defenderlos, pero debemos dejar que los niños resuelvan entre ellos sus conflictos siempre que sea posible, así aprenderán a regular sus emociones cuando estén solos y gestionar las situaciones que generen malestar.

Cuando fui a hablar con Max y me contó que a las niñas no les gusto su traje y por eso no querían jugar con él, mi "yo-impulsiva" le hubiera dicho: "esas nenas son malas y mentirosas, tu traje es hermoso y solo te critican porque te envidian, ignóralas", pero, ¿qué le estaría enseñando con eso?

1) Que la culpa de todos los males es de los demás
2) Que etiquetar a otros niños y asumir sus acciones es correcto
3) Que hay que ignorar o atacar al que opine diferente
4) Que nuestra tristeza o felicidad depende de lo que los demás hagan, piensen u opinen de nosotros.

No, no quería meter esas ideas en la cabeza de mi hijo; por eso la que debía responder era mi "yo-consciente". Lo primero que recomiendo hacer antes estas situaciones es reconocer y avalar los sentimientos de nuestro hijo y empatizar: "¿te dolió que a las niñas no les guste tu traje?, es normal sentirse así. ¿Te dolió que se rieran de ti? Eso no se siente bien, yo lo entiendo, me ha pasado muchas veces".

Luego, en mi caso, le expliqué a mi hijo que existen diferentes gustos y que eso es perfectamente normal. Luego proseguí: "Pero a ti te gusta mucho tu disfraz de caballero, ¿no? Si te gusta no tienes que dejar de usarlo porque a otras personas no les agrade. ¿Sabes?, muchas veces la ropa que a mí me gusta no le gusta a papá pero yo la sigo usando. A tu hermanita, le encantan los champiñones y para ti son asquerosos, pero ella igual los come, y está bien, no a todos nos gustan las mismas cosas. El mundo sería muy aburrido si a todos nos gustara lo mismo. Si a ti te agrada usar tu traje de caballero pero a otras niñas no, eso no es tu problema, es de ellas. Si te gusta algo dilo sin miedo y defiéndelo a capa y espada". Una nota que quiero hacer sobre esta situación es que, aunque cada uno puede tener diferentes gustos debemos expresarnos con respeto y sin burlas. Cuando aparece la burla debemos involucrarnos como adultos y explicarle a los niños que tienen todo el derecho de decirle a quien se está mofando de ellos que no es lindo y que dejen de hacerlo.

En otra ocasión, mi hija había dibujado un dinosaurio con algunos garabatos; estaba muy orgullosa de su dibujo y corrio a mostrármelo con una sonrisa de oreja a oreja. Un niño que estaba sentado a su lado lo miró y le dijo:

"tu dibujo está bien feo" y a mi hija dejaron de brillarle los ojitos y, por supuesto, le respondió fiel a su estilo: "¡no!, no es feo". En lugar de estigmatizar a ese niño que no tendría más de cuatro años, le conté a mi hija la historia de Van Gogh y cómo al principio a nadie le gustaban sus obras y tiempo después a mucha otra gente le fascinaron y las compraron por millones de euros.

Le conté que cada persona tiene gustos diferentes y que eso es normal; que lo que para algunos es lindo para otros no y lo que para algunos es rico para otros no; que ella debía enfocarse en lo que a ELLA le gustara porque no podía ni debía manejar los gustos de los demás. Le expliqué también que si algo no le gustaba tenía todo el derecho de decirlo, pero siempre con respeto y sin burlas. Cada pequeño conflicto es una oportunidad de aprendizaje si le buscamos la vuelta y abrimos la consciencia.

14

Crianza y pareja

"El verdadero desafío de una pareja los primeros años de vida de un hijo es no separarse" - *Ana Acosta Rodriguez.*

El amor y la familia en "tiempos líquidos[1]"

"Un hijo los va a unir más", te dicen. Seguro que en algunos aspectos lo hace pero en otros te separa océanos. Esto sucede porque a muchos hombres y mujeres les cuesta dimensionar el impacto del puerperio. Llegan divisiones de tareas, reclamos, proyecciones y recriminaciones que no existían. Te separa porque el agotamiento no es el mejor amigo del buen humor y porque la líbido baja pero la testosterona no y cuesta encontrarte con tu nuevo cuerpo posparto. Te separa, porque el amor también se divide, porque ahora lo primordial son los hijos. Con todos estos cambios se hace muy difícil redefinir el rol de la pareja con los hijos; toma tiempo, esfuerzo, compromiso y, lo principal, humildad y confianza.

---
1 Término acuñado por el sociólogo Zygmunt Bauman.

A veces pienso que el verdadero logro de una pareja es no divorciarse los primeros años de vida de los hijos; de verdad lo creo. Es muy complicado, la magia se pierde entre montañas de ropa y juguetes, el cansancio nos juega malas pasadas, las interrupciones constantes y los encontronazos por no coincidir en todo a veces nos enfrentan y perdemos el foco que es la familia en su totalidad: ni tú, ni yo, ni los niños; la familia, la tribu, el clan. Es tan complejo pasar de amantes a colegas, es difícil negociar cuando de por medio están los hijos, es complicado dimensionar que la pareja es también como una plantita que necesita ser regada y mucho más si uno vive lejos de su país de origen. Entonces, en la tormenta, no debemos saltar al mar para que nos traguen las aguas; debemos aferrarnos más fuerte que nunca el uno al otro con la mirada puesta en aquella isla que parece lejana pero está más cerca de lo que creemos. No descuidemos a los hijos por la pareja, pero tampoco descuidemos a la pareja por los hijos porque el daño será colateral y un divorcio puede llegar a impactar más en la vida de un niño que detalles o desacuerdos en la crianza. Por lo tanto, merece la pena mantenernos unidos y ceder un poco, sacarle al ego protagonismo por el bien común. El amor muta, cambia, toma formas nuevas pero ahí está, sigue vivo y podemos verlo a través de esas personitas que corretean en casa. Mantener el amor, el respeto y el compañerismo en estos tiempos, líquidos, despersonalizados y "yoicos" es un acto heroico.

De amantes a "socios"

Aunque trate de recordar no puedo traer a mi mente situaciones de discusiones y dramas con marido antes de los niños. Por supuesto que teníamos algún roce, pero esporádico. Podíamos pasar horas sentados en el living, cada uno en su computadora escuchando música y platicando. No había lucha de poderes ni negociaciones ni comparaciones ni reclamos. Cuando nos sentíamos un poco abrumados podíamos tomar distancia unos días, salir de casa solos un rato... ahora eso es casi imposible con dos hijos pequeños. Yo dormía las horas que necesitaba, tenía una vida social muy activa, me mantenía sola y nadie dependía de mí. El manejaba sus tiempos como quería y su calendario tenía muchos espacios en blanco. Pero eso cambió radicalmente. El romance y el misterio se esfumaron: las únicas citas que teníamos eran en el sofá por las noches para coordinar actividades, pediatra, horarios en el calendario. Cuando él llegaba de trabajar hacíamos "choque los cinco" y yo me iba al gimnasio o a hacer alguna actividad sola, o sea que nuestro tiempo sin hijos era casi nulo.

Pasamos de amantes a *roomies* en menos de lo que canta un gallo. Sumado a que por las noches las energías eran tan bajas que solo queríamos ponernos en piloto automático. Y como si esto fuera poco, el estaba espantado por mis continuas fluctuaciones de humor, que estaban relacionadas con agotamiento, hormonas y falta de vida social. Yo estaba celosa de que él fuera quien saliera a trabajar fuera de casa por varias horas, desenchufarse y hablar con otros adultos sin interrupciones mientras yo "trabajaba" dentro, de manera invisible. No podía creer que él no se diera cuenta de todas mis necesidades no cubiertas, él no podía creer que la mujer sensual, independiente y positiva estaba irreconocible y se preguntaba si realmente volvería a ser las de antes. Muchos desencuentros. A veces le decía: "en el afán de criar a los niños de manera respetuosa y completamente entregados a ellos nos estamos dejando al margen como pareja, necesitamos encontrar el equilibrio y analizar en qué estamos fallando, como equipo". Y, ¿qué hacer entonces? Reconocer, hablar sin tapujos y priorizar. No esperar que el otro entienda indirectas, expresar lo que sentimos y necesitamos de manera clara. Lo que no debemos hacer es tapar, esconder o minimizar. Hacer pequeños cambios en la rutina que aseguren momentos privados, de encuentro, de conexión. Tener presente cuál es el lenguaje de amor de nuestra pareja para redireccionar las energías allí. ¡Besarse más!, ¡abrazarse más! Aún en aquellos días que han sido más emocionales. Recuerda que: **Una relación fuerte es elegir amarse, incluso en esos momentos en los que hasta cuesta gustarse.**

¿Hundirse con el barco o saltar a tiempo?

Nunca animaría a nadie a romper una familia sin antes ir a terapia y tratar de reparar los daños. Estamos viviendo en un mundo en el que todo tiene fecha de caducidad y es descartable: cuando algo no me gusta o no me va bien lo tiro: parejas, amigos, perros, padres que envejecen, zapatos que ya no están de moda. Hay que ser valientes, hay que agotar los recursos, hay que dejar el egocentrismo y el *yoismo* de lado y actuar como adultos. Si ya no hay amor y se ha tratado por varios medios rescatar el vínculo pero no se puede resolver, entonces deberíamos buscar ayuda profesional para hacer la transición del quiebre y la separación lo menos dolorosa posible. Evidentemente, esto cambia absolutamente cuando nos encontramos en hogares en los que hay abusos o negligencias, en esas situaciones la separación, apartarse y apartar a los hijos del agresor es indispensable. Pero nunca debemos alentar parejas a separarse porque no se entienden, eso me parece peligroso. Debemos tratar de cuidar la familia en todas sus formas. Cuidemos los lazos, cuidemos la familia. Si el barco se está hundiendo, yo prefiero sacar agua mientras el otro rema a tirarme por la borda y dejarlo hundiéndose.

Algunas sugerencias

1. Planificar citas en pareja: aunque sea quince minutos una vez a la semana. Debemos priorizar un tiempo a solas para conectar y para poder hablar sin interrupciones, para volver a ser "novios".
2. Te agradezco x 2: cada noche antes de dormir, agradecerle a nuestra pareja 2 cosas que hayan hecho nuestro día más tranquilo y liviano. Verbalizarlo y también registrarlo de manera escrita.
3. Comunicarnos desde la no violencia. Para eso sugiero leer el libro de Marshall Rosenberg "Comunicación No Violenta: un lenguaje de vida".

4. Trabaja en tu autoestima: ser madre es una metamorfosis increíble a nivel emocional pero también lo es a nivel físico. Nunca seremos las mismas que antes en ninguno de estos aspectos. Aceptar y aprender a querer este nuevo cuerpo es un camino que debemos transitar, lo que no quiere decir conformarse sino dejar de exigirle a nuestro cuerpo que vuelva a ser exactamente el mismo. Por otra parte, las negligencias a las necesidades de las que hablé en un principio a veces se ven reflejadas en nuestro aspecto (pelo desgreñado, algunos kilos extra del embarazo que no pudimos bajar, uñas mal pintadas, etc.) y todo esto nos genera inseguridades con nuestra pareja que debemos procesar debemos aceptarnos y querernos. Si no nos queremos a nosotras mismas es muy difícil que alguien más lo haga. En este sentido, a mí me ayudaron mucho las autoafirmaciones positivas: cada mañana, cuando me lavaba la cara frente al espejo, me miraba y me decía "me amo, me cuido, estoy viva, mis imperfecciones me hacen única" y en lugar de enfocar mi atención en los detalles de mi rostro o mi cuerpo que me molestaban lo hacía en los que me gustaban y allí dirigía la mirada. También, cuando veo algo en mi cuerpo que antes me gustaba me auto pregunto, por ejemplo: ¿preferiría tener el abdomen plano como antes si eso significara no haber estado embarazada?. La respuesta es siempre no.
5. Terapia de pareja o individual: hay trabas, rencores, palabras no dichas que necesitamos procesar y

sacar de nuestro cuerpo y solos a veces es imposible hacerlo y necesitamos de un profesional que nos guíe en el camino. Siempre digo que no hay dinero mejor invertido que en viajes y terapia.

6. Voltear la tortilla (koan)[2]: en aquellas ocasiones en las que lleguen al plano de tu consciencia pensamientos y emociones negativas relacionadas con tu aspecto físico, puede servirte hacerte esta pregunta: ¿querrías menos a tu hijo o a tu madre si engordaran, se arrugaran o su cara se desfigura en un accidente? Posiblemente tu respuesta sea "NO". Ahora hazte las siguientes preguntas: si a ellos, que han sido parte de ti en algún momento, los amas sin condiciones, ¿por qué dejas de quererte a ti misma por estos detalles? ¿Crees que quien te ama genuinamente dejaría de hacerlo por estos motivos

Decálogo para parejas conscientes:

• Amarás a tu pareja teniendo en cuenta su lenguaje del amor más predominante y no el tuyo.

• Aceptarás a tu pareja con sus virtudes y defectos, sin pretender cambiarlo/a, teniendo siempre presente aquellos dones y virtudes que lo/la hacen único/a y que te conquistaron en primer lugar.

---

2 Koan: Acertijo utilizado por maestros del budismo zen para provocar la reflexión sobre la insuficiencia del razonamiento lógico, y para conducir a la iluminación.

- Antes de hablar recapacitarás si lo que piensas decir suma algo positivo a la relación o si, por el contrario, tus palabras son destructivas. En tal caso optarás por el silencio.

- Hablarás con tu pareja desde tus necesidades y no desde la exigencia, el reproche o la culpa.

- Ante la duda preguntarás siempre en lugar de asumir: lo que imaginas, crees o supones casi nunca se condice con la realidad.

- Ante una discusión recapacitarás: ¿Qué dije, hice, omití o asumí para que el conflicto haya escalado de semejante manera?

- Evitarás comparar vuestra relación con relaciones pasadas.

- Respetarás la individualidad de tu pareja, sus necesidades particulares y espacio personal sin invadir o chantajear, festejando sus logros y apoyando sus ideas e intereses en lugar de minimizarlos o 'ningunearlos'.

- No usarás a tu pareja como receptor/a de tus frustraciones sin pretender que el otro satisfaga todas tus necesidades.

- Nunca usarás a tus hijos para dañar o coaccionar a tu pareja.

Sanar la herida materna y paterna

Perdonar a nuestros padres: paso indispensable para una crianza consciente

Cuando nació mi primer hijo, mi marido, que ya tenía varios años de papá, me dijo que cuando empezó a leer sobre crianza lo primero que tuvo que hacer fue trabajar en algunos asuntos pendientes con sus propios padres. Nada más real y acertado. No es posible entablar una relación saludable con nuestros hijos si arrastramos rencores con nuestros padres, porque, tarde o temprano estas emociones negativas llegarán a ellos de una u otra manera o les afectará en la relación con sus abuelos al tener prejuicios a nivel inconsciente, o limitando el contacto.

Muchas familias que se acercan a consultarme me cuentan que ponen distancia con sus progenitores cuando tienen hijos porque se sienten monitorizados, evaluados constantemente. Sienten que se les critica su estilo de crianza o no quieren repetir ciclos tóxicos. Muchas veces experimentamos un pequeño (o gran) resentimiento porque tal vez nuestros padres nos criaron de una forma en la que nunca criaríamos a nuestros hijos, con sus aciertos y errores, aunque el problema es la tendencia a enfocarnos en los errores.

¿Podemos realmente culparlos? Te invito a reflexionar. Nuestros hijos se están criando en un mundo muy distinto al de nuestra infancia y para nuestros padres esto también fue así. Creo que ellos utilizaban las herramientas que tenían a mano. La información no era tan accesible como ahora, no se obtenía con un "click"; implicaba más tiempo y mucha logística. También creo que ellos seguían paradigmas sociales y religiosos de la época los cuales no eran tan debatidos como ahora. Por otra parte, se transformaron en padres en promedio diez años más jóvenes que la mayoría de nosotros; eran adolescentes. No puedo ni imaginarme de madre a los dieciocho años, momento en el cual batallaba con un trastorno de la conducta alimentaria y no estaba, emocionalmente hablando, en mi mejor momento ni con una pareja con la cual hubiera sido fácil o hubiera querido criar hijos. Ellos hicieron lo que pudieron y como pudieron, al igual que nosotros.

Te invito a pensar en cómo fue o puede haber sido la infancia de tus padres. A mi madre, por ejemplo, no le dejaron tomar clases de ballet las cuales ella amaba y la obligaron a tomar piano, ¿Puedo culparla por querer que yo sea bailarina?, ¿puedo realmente culpar a mi papá por no haber sido muy demostrativo cuando a él lo mandaron a estudiar a un internado a los diez años y sólo veía a sus padres los fines de semana y debía tratarlos de "usted"?

No puedo; lo que no implica que avale algunas de sus decisiones. Cortemos ciclos, seamos valientes.

Arrastramos rencores, arrepentimientos y dolor, quizá porque faltaron palabras por parte de ellos, quizá porque los tabúes de la época evitaron charlas que nos hubieran ahorrado problemas, quizás porque faltaron abrazos para no hacernos "blanditos" o porque sobraron críticas, retos o palabras crueles para "hacernos fuertes". No queremos que les pase lo mismo a nuestros hijos, pero así como nosotros no somos los mismos que hace diez o veinte años, ellos tampoco. Aun así, algunos aspectos negativos con los que fuimos criados están grabados en nosotros por lo que debemos ser conscientes permanentemente y tenerlos en cuenta para cortar el ciclo, por ejemplo, venir de una familia en la que se gritaba mucho por costumbre o idiosincrasia.

Tenemos que trabajar en los resentimientos y empezar por aceptar a nuestros padres como son, abandonando la inútil idea de cambiarlos a ellos o sus opiniones. En el momento que los aceptamos plenamente, con sus aciertos y sus errores, dejando atrás esa guerra de egos todo fluye con más calma.

Crecer con abuelos presentes es una bendición y es también el regalo más grande que podemos hacerle a nuestros hijos, un fin de semana con más dulces que los habituales; comer con la boca cerrada o tener que pedir permiso para hacer esto o aquello son detalles que NO modificarán la vida de nuestros hijos, quienes pasan muchísimo más tiempo con nosotros. Elige tus batallas.

Como siempre les digo, las palabras mágicas son Perdón y Gracias. Perdonarlos, agradecerles y pedirles perdón a nuestros padres porque nosotros tampoco nacimos perfectos ni teníamos las herramientas que tenemos ahora y quizás fuimos crueles o injustos con ellos en su momento. Esas acciones son la clave para sanar las heridas con nuestros progenitores y disfrutar su compañía, en esta nueva etapa y desde otro lugar. Por supuesto que en familias con negligencia extrema o abusos es muchísimo más complicado perdonar; en esos casos yo recomiendo terapia psicológica, meditación y lectura. No podemos cambiar el pasado pero podemos cambiar el presente (y en consecuencia, el futuro). Somos la generación que ha llegado al mundo para perdonar y sanar.

Técnica: te regalo una flor

Necesitamos una hoja y un lápiz. Si podemos poner música serena de fondo, mejor. Lo primero que haremos es dibujar el centro de una flor y allí escribiremos algo que nos ha hecho o dicho nuestro padre o nuestra madre y que nos ha dolido o herido mucho. Ahora, alrededor del centro dibujaremos diez pétalos. En cada pétalo escribiremos las razones por las cuales creemos que él o ella pudiera haber actuado de esa manera. Para esto reflexionaremos sobre su historia, infancia, adolescencia, relación con sus padres. Una vez que tengamos la flor lista, leeremos todo y si nos sentimos seguros escribiremos abajo "Mamá/Papá, te perdono por ...." y luego quemaremos el papel.

Nota: Perdonar no significa negar el daño. Perdonar no significa renunciar a nuestros derechos: perdón y justicia van de la mano.

Criar y disciplinar con respeto no es fácil

Quizás mi método C.E.R. te parezca una utopía, algo que solo suena bonito pero que no es posible alcanzar y tal vez por eso muchos padres ni siquiera lo intentan, pero te aseguro que es totalmente posible y lo sé porque lo veo a diario y no solo con mis hijos sino con muchos otros niños de nuestra "tribu respetuosa". Ver a criaturas pequeñas gestionando sus emociones y siguiendo nuestras sugerencias porque realmente han aprendido las consecuencias de sus acciones o porque simplemente confían en que buscamos su bienestar, es algo que no tiene precio y renueva mi fe en la humanidad.

De todos modos, debo ser honesta y dejar en claro que no hay una receta mágica y que la disciplina respetuosa demanda mucho trabajo de introspección en los padres, mucha paciencia y mucho tiempo. Es más rápido dar una nalgada para terminar con un berrinche que sentarse calmadamente a tratar de entender cuáles han sido los disparadores que provocaron una actitud negativa. Para poder tener la consciencia plena necesaria y el autocontrol que son indispensables para criar y disciplinar desde el respeto, debemos sanar nuestro/a niño/a interior y quitar todo lo que hiere o no sirve para dejar espacio a las cosas buenas.

Claramente no es una tarea sencilla, ni un viaje que todos los padres/madres están dispuestos a emprender porque requiere constancia y trabajo. Sin embargo, con ganas, paciencia, atención plena y amor como herramientas principales, le estaremos dejando al mundo personas que, el día de mañana, replicarán el ciclo en sus propios hijos esparciendo la semilla. Espero que este libro te sirva de guía y sea, a la vez, tu faro en el inmenso mar de la crianza con respeto.

Notas finales

En muchas ocasiones, la crianza respetuosa se vuelve complicada porque ni familiares ni amigos ni la sociedad en su mayoría están preparados para romper paradigmas establecidos y muchos de ellos están convencidos que una disciplina punitiva es positiva o que los niños "no saben o no entienden nada", o que el adulto debe ser el jefe supremo y no permitir cuestionamientos ni argumentaciones que provengan de un infante. Muchos de ellos aún dicen "no pasa nada" o "las señoritas no corren".

Me ha pasado (y seguro a ti) que los *opinólogos* se empeñan en desacreditar nuestro estilo para criar y disciplinar; nos toman como padres permisivos o irresponsables porque en realidad no disponen de la apertura mental o de la información que les permita valorar y poder encontrar la validez científica que respalda nuestro accionar.

Esta mirada inquisidora del afuera, en ocasiones, nos produce malestar y nos hace dudar de nuestra crianza: "¿tendrán ellos la razón y abrazarlo demasiado lo hará dependiente?", "¿será que estoy equivocada y debería castigarlo?". Pues NO; que no te hagan dudar, que no te hagan ir en contra de tu instinto y tu humanidad. En esos momentos rodéate de personas que sumen, que te escuchen y que te entiendan, aunque sea de manera virtual.

Por último, quiero compartir contigo una anécdota personal: una vez, a una reunión, mis hijos de dos y cuatro años llevaron sus juguetes y no tenían ganas de compartirlos. Una señora enojada se acercó y me dijo que mis hijos eran unos malcriados porque no prestaban sus juguetes y yo una negligente por no obligarlos o castigarlos por egoístas. Debo decir que en ese momento me dio mucha rabia pero también pena por esa persona que hizo el comentario y me pregunté a mí misma: "¿qué es malcriar? Y resulta que mal-criar es des-criar, es no criar, es ser egoísta, negligente. Mal-criar es enseñarle al niño que si no hace lo que le ordenan será humillado, maltratado y hasta golpeado. Mal-criar es llenar a los hijos de actividades y tareas porque no tenemos ganas de hacernos cargo de su crianza porque implica mucho tiempo y compromiso personal. Mal-criar es sentarnos a su lado con el móvil sin prestarles atención; es gritarles para tapar sus gritos con nuestra ira. Pero abrazar, contener, respetarlos en todas sus dimensiones, dedicarles tiempo de calidad, trabajar en nuestro egocentrismo, ser pacientes a sus etapas, enseñarles que los conflictos se pueden resolver con respeto y que nadie debe violentarlos para que hagan lo que les dicen que hagan: eso NUNCA será malcriar, eso se llama respeto y amor incondicional. Que no te importe lo que diga el afuera, hagas lo que hagas siempre habrá alguien que criticará tu maternidad/paternidad. Lo importante es que críes con convicción, amor, respeto y seas una guía íntegra, equilibrada y justa; lo demás no suma y lo que no suma resta.

Que no se te olvide, ¡lo estás haciendo bien!, somos muchas, la ciencia nos respalda, el amor nunca puede lastimar y si lastima no es amor genuino, es dependencia o sobreprotección.

Así que, por favor, no bajes los brazos, no hay ningún método que sea infalible y funcione siempre. A veces probamos mil y una estrategias respetuosas y aun así no logramos contener el desajuste emocional, no logramos gestionar el conflicto y está bien. La realidad de la crianza respetuosa y consciente es que debemos poner todo en perspectiva, confiar en el proceso, confiar en nuestros hijos y tener PACIENCIA. Para eso no hay nada mejor que una actitud de aceptación por medio de la práctica de la atención plena; ser una madre consciente requiere mucho trabajo interno, pero es la mejor inversión y el mejor regalo que le puedes dar a tus hijos y al mundo.

Por eso tampoco quiero que tomes mis palabras y mis sugerencias como algo profético o rígido, ya que hay nuevas evidencias continuamente y que, además, yo no soy absolutamente infalible; es más, me equivoco muchas veces, por lo que probablemente en algún momento cambie mi opinión sobre alguna de las cosas que hoy predico (aunque nunca el C.E.R., la esencia). Este libro nace a partir de todas mis experiencias en cinco años de crianza y de los cientos de asesorías que he hecho a mamás y familias que creen que la crianza respetuosa es el camino; pero yo quiero seguir evolucionando y evolucionar significa adaptarnos y seguir aprendiendo día a día. Te pido perdón si me equivoco con algo de lo que expongo, te agradezco desde el corazón haber llegado hasta esta página y te abrazo, fuerte, muy fuerte; lo estás haciendo bien.

Feliz vida y feliz crianza.

Ana Amparo Acosta Rodríguez
Creadora del Modelo C.E.R., España
+34 652 817 957
ana@lacrianzarebelde.com
ana@mamaminimalista.net

Embajadoras del Modelo C.E.R.

Eliana Molina Drocco
Embajadora Modelo C.E.R., Uruguay. Coordinadora Cono Sur.
Analista en Comunicación Corporativa y RR.PP. Redactora, Correctora, Editora.
edrocco@gmail.com · Instagram: @elianadrocco

Ximena V. Valdivia Murillo
Embajadora Modelo C.E.R., Perú.
Psicóloga Perinatal. Emprendedora.
+51 914526116 · *ximena.valdivia7@gmail.com*

Raquel Bayarri Bayarri
Embajadora Modelo C.E.R., México.
Maestra de Primaria. Mamá. Lactivista.
+52 19671294695 · Instagram: @amomantarte

G'Lady Edina Pérez Brunet
Embajadora Modelo C.E.R., Puerto Rico.
Enfermera Generalista Licenciada. Técnica Auxiliar en Lactancia.
+1 787-470-2937 · *glypower@gmail.com* · Facebook: Mamá Crohniana

Astrid Weil
Embajadora Modelo C.E.R., Argentina.
Licenciada en Administración. Formada en PNL, Coaching y Gestión del Cambio.
astridweil16@gmail.com

Este libro está registrado, siendo de mi propiedad intelectual y estoy en posesión de sus derechos como autora. Aun así quiero pedirte con toda humildad, de mamá a mamá, que por favor respetes el enorme trabajo y las infinitas horas que me ha tomado escribirlo, que no distribuyas mi material de manera ilegal por correo electrónico, en foros, ni en grupos de whatsapp o facebook sin mi autorización. La escritura es la forma en la que me gano la vida y si distribuyes mi propiedad intelectual de forma ilegal estarás perjudicando a mi familia. Si alguna mamá no tiene los medios para adquirir el libro puede escribirme con total confianza a: ana@mamaminimalista.net o contactarme en las redes sociales @mamaminimalista.

Por último, este libro es una autopublicación que he realizado de manera independiente por lo que tu valoración en Amazon y en www.goodreads.com es muy importante para mí, de esta manera mi obra adquiere mayor visibilidad y le llega a más familias. También es de mucha ayuda si me etiquetas (@mamaminimalista) en tus redes sociales en todas aquellas publicaciones en las que hagas referencias a este libro.

Si te interesa certificarte como formadora para padres del Modelo C.E.R., contáctame por teléfono o correo electrónico.

Nota sobre la autora

Ana es Magíster en Psicología Positiva Aplicada, Universidad Jaume I, Castellón de la Plana, España. Su trabajo final de Máster es un programa de reducción del estrés y aumento del bienestar basado en atención plena y crianza consciente para madres de niños en edad preescolar. Sus principales líneas de investigación son el estudio de la aplicación del *mindfulness* y la psicología positiva en la crianza y el síndrome de burnout parental. Previamente, se graduó en Nutrición Humana en la Universidad Nacional de Córdoba, Argentina, especializándose en nutrición materno-infantil.

Sin embargo, el mérito más grande de Ana y el que más satisfacción y enseñanza le ha brindado, más allá de sus logros académicos, es el título de "mamá". A través de su blog "Mamá Minimalista", que cuenta con más de un millón de visitas y cuarenta mil seguidores en las redes sociales (@mamaminimalista), Ana se ha transformando en una de las principales referentes sobre crianza respetuosa y consciente para miles de madres hispanoparlantes, siendo convocada para desempeñarse como columnista, conferencista y oradora en diferentes plataformas en Chile, México, Argentina y España.

Ana es también yoguini, formada en mindfulness y psicología budista en las tradiciones Zen (CBSZ/Plumvillage) y Sakya (comunidad Paramita)
, emprendedora, asesora de mamás y activista con una marcada tendencia en la defensa y reivindicación de la maternidad y la crianza niño-céntrica.

Es una persona que, a través de la escucha activa, la empatía, la sensibilidad y el amor se ha convertido en refugio y contención de todas las que nos embarcamos conscientemente en este viaje arduo e increíble de la maternidad. Este libro es una herramienta que ayuda a adentrarse en esta experiencia con menos incertidumbre y más seguridad en el instinto propio de madre/padre. Es una invitación a confiar y dejarse guiar desde la consciencia y el respeto; es una tabla de salvación en medio de la inmensidad que es, en palabras de Ana, este mar de la crianza respetuosa.

Eliana Molina Drocco
Analista en Comunicación Corporativa y RR.PP.
Redactora, Correctora, Editora

Referencias bibliográficas

Arés Muzio, P. (2000). Abriendo las puertas a las familias del 2000. La Habana: Política

Armus, M., Duhalde, C., Oliver, M. y Woscoboinik, N. (2012). Desarrollo emocional. Clave para la primera infancia. Argentina: Fondo de las Naciones Unidas para la Infancia (UNICEF) y Fundación Kaleidos.

Atkin, L. C., Supervielle, T., Canton, P., & Sawyer, R. (1987). Paso a paso: Como evaluar el crecimiento y desarrollo de los niños. México: Unicef.

Ato, E., Carranza, J.A., González, y Galián, M.D. (2005). Reacción de malestar y autorregulación emocional en la infancia. Psicothema, 17(3), 375-381.

Castro Caballero, C.; Maldonado Gómez, O.; Benguigui, Y. Editores (2004): La Niñez, La Familia y La Comunidad. Organización Panamericana de la Salud (OPS). USA: PALTEX/OPS

Carrasco Ortiz, M. A., & Gonzalez Calderon, M. J. (2006). Theoreti- cal Issues on Aggression : Concept and Models. Acción Psi- cológica, 4(2), 7–38.

Cicchetti, D., Ganiban, J. & Barnett, D. (1991). Contributions from the study of high risk populations to understanding the development of emotion regulation. En J. Garber y K. A.

Crespo Comesaña, J. (2011). Bases para construir una comunicación positiva en la familia. "Revista de investigación en educación". 9(2), 91-98.

Duncan, L. G., Coatsworth, J. D. y Greenberg, M. T. (2009). A model of mindful parenting: implications for parent-child relationships and prevention research. Clinical child and family psychology review, 12(3), 255–270. doi:10.1007/s10567-009-0046-3

Eisenberg, N., Hofer, C. & Vaughan, J. (2007). Effortful control and its socioemotional consequences. En J. Gross (Ed.). Handbook of emotion regulation. New York: The Guilford Press.

Fayne Esquivel Y., Ancona, M., Cabrero, B. G. y Montero Y., y López Lena, M. (2013). Regulación materna y esfuerzo de control emocional en niños pequeñnos [Maternal regulation and toddlers' effortful control]. International Journal of Psychological Research, 6(1), 30-40.

FCPS. (2015). Disciplina positiva: cómo guiar la conducta de los niños. F C P S .

Flores, M. y Díaz, R. (2004). Escala Multidimensional de Asertividad EMA. México, D.F: Editorial El Manual Moderno, S.A de C.V.

Galán Rodríguez, Antonio. (2016). La teoría del apego: confusiones, delimitaciones conceptuales y desafíos. Revista de la Asociación Española de Neuropsiquiatría, 36(129), 45-61. Recuperado en 03 de abril de 2020, de http://scielo.isciii.es/scielo.php?scrip- t=sci_arttext&pid=S0211-57352016000100004&lng=es&t- lng=es.

Gallese, V., Eagle, M.N. y Migone, P. (2007). Entonamiento emocional: neuronas espejo y los apuntalamientos neuronales de las relaciones interpersonales. Journal of the American Psychoanalytic Association, 55(1), 131-176

Garcés Vieira MV, Suárez Escudero JC (2014). Neuroplasticidad: aspectos bioquímicos y neurofisiológicos. CES Medicina 28(1):119-131.

Gordon, T (2000). Parent Effectiveness Training: The Proven Program for Raising Responsible Children. Harmony.

Grolnick, W. S., Kurowsky, C. O. McMenamy, J. M., Rivkin, I., & Bridges, L. J. (1998). Mother's strategies for regulating their toddler distress. Infant Behavior and Development, 21, 437- 450.

Gutiérrez Solano (2018). Comunicación Asertiva: Análisis Bibliográfico de las Propuestas Pedagógicas Implementadas en el Aula para Lograr Contextos Educativos de Sana Convivencia en el Desarrollo de una Comunicación Asertiva (tesis de grado). Universidad Distrital Francisco José de Caldas. Colombia.

Gutiérrez-Fisac A. (2007). Ponencia: "Fases del Desarrollo". Curso de Formación del Profesorado: La psicomotricidad como técnica de Intervención. Fundación Verbum para el lenguaje y la comunicación. Madrid: Comunidad de Madrid.

Harman, C., Rothbart, M. K. & Posner, M. I. (1997). Distress and attention interactions in early infancy. Motivation and Emotion, 21, 27 – 43.

Hernández Posada, Á. (2006). El subsistema cognitivo en la etapa preescolar. Aquichan, 6(1), 68-77.

Jensen, E (2008) Cerebro y aprendizaje. México: Editorial Narcea.

Kabat-Zinn, J. (1994). Wherever you go, there you are: *Mindfulness* meditation in everyday life. New York : Hyperion.

Kabat-Zinn, J. (2009). Full Catastrophe Living: Using the Wisdom of Your Body and Mind to Face Stress, Pain, and Illness. New York: Delta Trade Paperback.

Kabat-Zinn, M., & Kabat-Zinn, J. (1997). Everyday Blessings: The Inner Work of Mindful Parenting. New York: Hyperion.

Kenward J., (1960). Discipline. Pediatrics. 26:1033-8.

Kimelman J., Mónica. (2019). Apego normal, apego patológico y psi-
cosis. Revista chilena de neuro-psiquiatría, 57(1), 43-51. https://dx.doi.org/10.4067/S0717-92272019000100043

Kohn, A (2005). Unconditional Parenting: Moving from Rewards and Punishments to Love and Reason. Atria Book.

Lacunza, A. y Contini, N. (2009). Las habilidades sociales en niños preescolares en contextos de pobreza. Ciencias Psicológicas, 3 (1), 57-66

Lewis M (2006). Desarrollo durante la infancia y adolescencia. En: Wiener JM, Dulcan MK (eds.). Tratado de psiquiatría de la infancia y la adolescencia. Barcelona: Masson.

Lila, M. S., y Buelga, S. (2003). Familia y adolescencia: el diseño de un programa para la prevención de conductas de riesgo. Encuentros en Psicología Social, 1, 72-78.

Linares J., (2012). Terapia familiar ultramoderna. Barcelona: Herder.

MacLean, P.D. (1990) The Triune Brain in Evolution (Role in Paleocerebral Functions). Plenum Press, New York.

Mahler M. Estudios 2 (1984). Separación-individuación. Buenos Aires: Paidós.

Mahler, M. S., Pine, F., & Bergman, A. (1975). El nacimiento psicológico del infante humano: Simbiosis e individuación. Buenos Aires: Marymar.

Mayer , J., & Salovey, P. (1997). What is emotional intelligence? En P. Salovey y D. Sluyter (Eds). Emotional Development and Emotional Intelligence: Implications for Educators (pp. 3-31). New York: Basic Books.

Ortiz Soto, P., Duelo Marcos, M., y Escribano Ceruelo, E. (2013). La entrevista en salud mental infantojuvenil (II): el desarrollo psicoafectivo y cognitivo del niño. Pediatría Atención Primaria, 15(57), 89e41-89e55.

Ospina, C. A. (2004). Disciplina, saber y existencia. Revista Latinoamericana de Ciencias Sociales, Niñez y Juventud, 2(2), 51-81. Retrieved November 27, 2018.

Otero-Mendoza, O., Cogollo, S.J., & Fernández-Daza, M.P. (2017). Estilos de apego, comunicación y confianza entre padres y jó- venes universitarios de la Guajira-Colombia.

Pacheco, P. y Ventura, T. (2009). Trastorno de ansiedad por separación. Revista chilena de pediatría, 80(2), 109-119. https://dx.doi.org/10.4067/S0370-41062009000200002

Paniagua Gonzalez, M. (2016). Marcadores del desarrollo infantil, enfoque Neuropsicopedagógico. Fides et Ratio - Revista de Difusión cultural y científica de la Universidad La Salle en Bolivia, 12(12), 81-99.

Payne, H., & Brooks, S. D. (2019). Medically Unexplained Symp- toms and Attachment Theory: The BodyMind Approach®. Frontiers in psychology, 10, 1818. https://doi.org/10.3389/ fpsyg.2019.01818

Perrone R. (2007). Nannini M. Violencia y abusos sexuales en la familia. 2a Edición. Argentina: Paidós.

Piaget J., (1986) La formación del símbolo en el niño. México: Fondo de Cultura Económica.

Plascencia Gonzalez, M. (2009). Hablar No Golpear. Razonamiento infantil sobre disciplina parental Revista Mexicana de Investigación Educativa, 14(43), 1103- 1127.

Riso, W. (1988). Entrenamiento asertivo. Medellín: Rayuela.

Rosenberg, Marshall B. (2003). Nonviolent Communication: A Language of Life (2nd ed.). Encinitas CA: Puddledancer Press.

Sáenz Lozada, M. L., Camacho Lindo, A. E., Silva Oviedo, N. J. y Holguín Sanabria, A. (2014). Exploración de las estrategias de disciplina aplicadas a los niños de una institución educativa de Bogotá. Revista de la Facultad de Medicina, 62(2), 199-204. doi:10.15446/revfacmed. v62n2.45367

Satir, V. (2008). Comunicación y conductas asertivas. México: Editorial Pax

Schejtman, C., Vardy, I. (comp.) (2008): "Afectos y regulación afectiva, un desafío bifronte en la primera infancia" en Primera infancia. Psicoanálisis e investigación. C. Schejtman, comp. Buenos Aires: Akadia editorial.

Shapiro, S. L., Carlson, L. E., Astin, J. A., & Freedman, B. (2006). Mechanisms of *mindfulness*. Journal of clinical psychology, 62(3), 373-386.

Siegel, D. J., & Payne Bryson, T. (2011). The whole-brain child: 12 revolutionary strategies to nurture your child's developing mind. New York, NY, US: Bantam Books.

Simón, V. (2014). El reencuentro científico con la compasión. En A. Cebolla, García-Campayo y M. Demarzo (Eds.), *Mindfulness* y ciencia (pp. 191-225). Madrid: Alianza Editorial.

Skinner, E.A., Edge, K., Altman, J., & Sherwood, H. (2003). Searching for the structure of coping: A review and critique of category systems for classifying ways of coping. Psychological Bulletin, 129, 216-269.

Spinrad, T. L., Stiffer, C. A., Doneland-MacCall, N. & Turner, L. (2004). Mother's regulation strategies in response to toddlers' affect: Links to later emotion self-regulation. Social Development, 13, 40 – 55.

Subiela García, J. A., Abellón Ruiz, J., Celdrán Baños, A., Manzanares Lázaro, J. Á. y Satorres Ramis, B (2014). La importancia de la Escucha Activa en la intervención Enfermera. Enfermería Global, 13(34), 276-292.

Thompson, R. & Goodvin, R. (2007). Taming the tempest in the teapot emotion regulation in toddlers. En C. A. Brownell & C. B. Kopp (Eds.), Socioemotional Development in the Toddler Years: Transitions and transformations

de Gregori, Waldemar. (1999). EN BUSCA DE UNA NUEVA NOOLOGIA. Estudios pedagógicos (Valdivia), (25), 71-82.

Printed in Poland
by Amazon Fulfillment
Poland Sp. z o.o., Wrocław

24670272R00138